掌握正确学习的N个法则

上

ZHANGWO
ZHENGQUEXUEXIDE N GEFAZE

张雯◎编著

中国出版集团
现代出版社

图书在版编目（CIP）数据

掌握正确学习的 N 个法则(上) ／ 张雯编著. —北京：现代出版社，2014.1

ISBN 978-7-5143-2111-1

Ⅰ. ①掌⋯　Ⅱ. ①张⋯　Ⅲ. ①学习方法－青年读物②学习方法－少年读物　Ⅳ. ①G791－49

中国版本图书馆 CIP 数据核字（2014）第 008496 号

作　　者	张　雯
责任编辑	王敬一
出版发行	现代出版社
通讯地址	北京市安定门外安华里 504 号
邮政编码	100011
电　　话	010－64267325 64245264（传真）
网　　址	www.1980xd.com
电子邮箱	xiandai@cnpitc.com.cn
印　　刷	唐山富达印务有限公司
开　　本	710mm×1000mm　1/16
印　　张	16
版　　次	2014 年 1 月第 1 版　2023 年 5 月第 3 次印刷
书　　号	ISBN 978-7-5143-2111-1
定　　价	76.00 元(上下册)

目　录

第一章　合理利用生物钟

第二章　全神贯注的学习

第三章　学会整理、归纳、应用

第四章　在生活中学习

第一章　合理利用生物钟

（一）优质睡眠提高学习效率

睡眠对学习到底有多重要？据研究，睡眠时间不足可能是学生学习成绩不理想的一个重要原因。领导此项研究的布朗医学院心理学家戈汉·法隆说，如果家长想要孩子学习成绩好，那么让他们按时上床睡觉和让他们按时上学同等重要。晚上睡眠不到8小时的学生更加健忘，他们在学习新课程时感觉最困难，注意力也最难以集中。

学习的好坏不能单纯取决于勤奋，睡眠充足也是重要的因素，因为它直接影响人的智力、记忆力、判断力和创造力。人的大脑要思维清晰、反应灵敏，必须要有充足的睡眠，如果长期睡眠不足，大脑得不到充分的休息，就会影响大脑的创造性思维和处理事物的能力。

一个睡眠不足的人，会很容易表现出烦躁、精神萎靡、注意力不集中、记忆力减退等症状；一个睡眠充足的人，就会精力充沛、思惟敏捷、办事效率高。这是由于大脑的工作需要充足的氧气供给。长期的睡眠不足，脑供氧就会缺乏，脑细胞就会受伤，脑功能就会下降。我们在感到困的时候常常会不停地打哈欠，其实这也是一种脑部缺氧的表现。在睡眠状态中，大脑耗氧量大大减少，有利于脑细胞能量贮存。因此，睡眠有利于保护大脑，提高脑力。一个记忆力强大，具有创新能力的人学习自然事半功倍。

然而，并不是睡眠越长越好，在我们的假期中，有可能因为平时学习缺觉，而会进行"补觉"，但是通过研究发现睡眠时间过长与睡眠不足一样，都可导致神疲、体倦、代谢率降低，所以睡眠不宜过长，睡的时间过长后，心脏的跳动便会减慢，新陈代谢率亦会降得很低，肌肉组织松弛下来，久而久之，人就会变得懒惰、软弱无力起来，甚至智力也会随之下降。如果想用增加睡眠时间来获得健康，那将会适得其反。所以在假期中进行"大补觉"的做法是并不科学的。想要保证较高的学习效率，就要在平时关注自己的睡眠情况，合理睡眠，提高效率。

科学家在研究中发现，其实，我们的大脑在睡眠中并没有休息，它仍有高度活跃的脑部活动。血流量与脑神经元细胞的活性相关，研究人员研究表明：在睡眠状态下，大脑的脑血流量只减少了20%；脑神经细胞电位反映了人脑的思维活动，研究人员发现：睡眠中的脑部仍有电流活动。但，为何睡眠会提高学习效率？原于睡眠的功能是处理记忆，记忆，就是细胞之间的联系增强。在记忆过程中，不同的神经细胞同步发出电子脉冲，从而使这些细胞联系在一起，实现了记忆。人在深度睡眠期间，大脑中会产生一种速度较慢的生物电波，其生成机制和记忆产生的机制相似，起到了强化记忆的作用。科学家用大鼠做实验：将一只大鼠放在梭箱内，亮灯几秒钟后给梭箱通电，大鼠受电击拼命奔逃，最后发现梭箱有一个洞，于是钻过去进入了不通电的安全区。经过十几次的重复，大鼠"学"会了一看到灯光就立即钻洞进入安全区。过了一段时间，老鼠仍能一看到灯光，就立即钻洞逃入安全区，这证明大鼠对以往的"逃生经验"还有记忆。后来科学家在训练大鼠时，不让它睡眠，结果发现大鼠"逃生"的学习成绩很差，过了同样的一段时间后，它还将"逃生经验"给忘记了。

战国时名医文挚对齐威王说："我的养生之道把睡眠放在头等位置，人和动物只有睡眠才生长，睡眠帮助脾胃消化食物，所以，所以睡眠是养生的第一大补，人一个晚上不睡觉，其损失一百天也难以恢复。

我们都了解，睡眠与我们的健康是息息相关，只有保证好充足的睡眠才会使得我们机体上有所调理，使得我们拥有健康的身体。

睡眠的质量关系着我们在日常生活中的很多行为的存在，也容易影响我们的工作、学习或是其他方面的情况。睡眠不足还会导致很多健康问题，比如视线模糊、紧张易怒、免疫力下降、发作糖尿病和抑郁症等。缺乏睡眠还会影响容貌的美观，比如，黑眼圈、皮肤暗淡等。但是有多少人能确保睡眠是健康和高质量的呢？大多数人都宁愿花更多的时间来计划假期的娱乐活动，而不是思考怎样创造一个理想的睡眠环境。花点时间，合理安排睡眠，养成良好的睡眠习惯，使你人生 1/3 的时间变得更高效，你将获得更多的竞争优势，过得更健康快乐。提高睡眠质量的关键是营造良好的睡眠环境。即便是很微弱的灯光，比如从数码设备的显示屏上发出来的微弱的 LED 灯光，都会影响褪黑激素的分泌。褪黑激素能调节内分泌，调控我们的昼夜节律和睡眠周期。

长期缺乏睡眠人的认知能力下降定向力变差反应迟缓语言不畅更甚者会造成免疫功能改变引发潜在的炎症如牙龈炎、咽喉炎等其出现衰老症状的可能性也明显大于正常人。另外由于睡眠不足还可能导致感冒、抑郁症、精神错乱、糖尿病、肥胖、中风、心脑血管等多种疾病。

而充足的睡眠则能让疲劳和紧张的器官得到松弛恢复常态并重新获得活力。许多慢性病或急性病的恢复期都需要有充分的睡眠来改善症状促进健康。如高血压、颈椎病、神经官能症等更需要通过睡好觉辅助其他治疗来促进。

除此之外，睡姿对一个人的健康也有影响。大部分人睡觉都是怎么舒服怎么来，但不少人一觉醒来头昏眼花、腰酸背痛、疲惫不堪，究其原因，与睡姿不当有关。专家表示，良好的睡姿能给健康加分，不良睡姿则会损害身体器官。

不良睡姿易致病侧卧易致脑血栓，侧卧可使脑梗塞病人在本身已有动脉硬化的情况下，加重血流障碍，特别是颈部血流速度减慢，容易在动脉内膜损伤处逐渐聚集而形成血栓。所以脑梗塞病人，选择合适的枕高和仰卧睡眠较为妥当。

俯卧易致高血压和心脏病、诱发磨牙，因为俯卧加之枕头过低会使脑部血流量增加，时间长了对高血压的形成起到促进作用。宜采用加枕平卧的睡眠体位，枕头一般高约 15 厘米。俯卧位易使呼吸不自由，压迫内脏，不利于心脏的输血，引起噩梦，并影响脸部皮肤的血液循环。如趴着睡觉，下颌受到头部压力，而此时全身肌肉处于松弛状态，下颌为了摆脱受到的压力，即产生移动，形成磨牙。

右侧卧睡会使胃部反流，向食管的酸性液体数量会大大多于正常情况，而且持续不断，容易引起胃部灼痛。患有食管回流这种消化功能障碍的病人最好左侧睡。

左侧卧位易诱发胆囊炎、导致心脏病，因为胆囊位于上腹部，形如一只小酒瓶。当人体向左侧卧时，胆囊"瓶口"朝下方，"瓶底"朝上方。这样，胆囊结石在重力作用下就容易落入"瓶颈部"而发生嵌顿，引起胆绞痛发作。长时间的胆绞痛会引起急性胆囊炎。因此胆囊结石病人应尽可能平卧或向右侧睡。

左侧卧位，不仅会使睡眠时左侧肢体受到压迫、胃排空减慢，而且使心脏在胸腔内所受的压力最大，不利于心脏的输血，也容易做噩梦。心脏病患者睡眠以右侧为好。若已出现心衰，可采用半卧位以缓解呼吸困难，切忌左侧卧。

伏案而睡会使眼球胀大，伏案午睡会导致身体各部位出现不适。如头部长时间枕在手臂上时，手臂的血液循环受阻，神经传导受影响，极易出现手臂麻木、酸痛等症状。而且往往醒后会出现暂时性的视力模糊，这是因为伏案睡觉时压迫到了眼球，造成眼压过高。长期如此，会使眼球胀大、眼轴增长。此外，伏案睡眠不能使身体得到彻底放松，身体的某些肌肉群、汗腺、皮肤会仍处于紧张状态，导致睡完觉后不仅没有精神饱满的感觉，相反可能会感到更加疲惫。

除了伏案而睡，有的人还喜欢坐着打盹。研究显示，人体处于睡眠状态时，血液循环减慢，头部供血减少。而坐着睡由于体位关系，供给大脑的血液更少，使人醒后易出现头昏、眼花、乏力等一系列大脑缺血缺氧的症状，同时也不能消除疲劳。

年轻充满活力，年轻主要体现在精、气、神三个方面。具体来讲，就是你的身体和精神面貌是不是好。一般来说身体好了，就有一个好精神。一个人精神面貌越好，越容易给人留下深刻的影响。

良好的精神状态来自于每个人平衡的心态。所谓平衡的心态，并不是要求每个人碌碌无为得过且过，而是要有一种积极向上、求真务实的心态。首先，在学习上要有一股子拼劲，不甘落后，主动地向先进学习。其次，在荣誉上不与人竞争。对名利看淡些，只求奉献，不求所取。同时，在享受上不与人盲目攀比，要有知足感，可以多吃苦受累，不可以奢侈浪费，珍惜来之不易的资源。有人说"精神状态是个宝，事事处处离不了"。请你相信这话是千真万确的。因为，无论对人、对己、对事。它既不能缺少，又极为重要。

一个人的精神面貌对别人的影响也是很大的。就如，老师的精神面貌、老师的心理状态将直接影响学生，教师每天面对的是模仿性强、可塑性大的学生，在课堂教学中，学生感受最深的是伴随教师讲课始终的精神面貌。教师良好的精神面貌能够给学生留下一个美好的印象，对学生产生良好的影响。

俗话说："一夜好睡，精神百倍。"睡眠对人的身体、心理、行为等都有影响。6日至11日在美国举行的美国联合专业睡眠协会年会上，美国科研人员报告了多项睡眠研究的新成果，指导人们如何合理睡眠，也告诉人们睡眠对于生活的重要性。

宾夕法尼亚州立大学的研究发现，与有午睡习惯的儿童相比，没有午睡习惯的儿童更容易发生多动行为，焦躁和抑郁情绪程度也较高。研究人员因此得出结论，儿童适当午睡有益健康。

孩子小时候，不少父母选择让孩子和自己在一张床上睡，或者在同一个房间的另一张床上睡。费城圣约瑟夫大学研究人员的调查表明，那些单独在一个房间里睡的小孩其实会睡得更好。父母在一旁反而会导致小孩入睡困难，而且夜里醒来也习惯于有父母哄着才能重新入睡。

哥伦比亚大学研究人员说，他们对 1.5 万多名青少年的睡眠状况和日常行为进行了跟踪调查。结果发现，与那些午夜甚至更晚才睡觉的同龄人相比，每天晚上 10 点前上床睡觉的青少年患抑郁症的风险要低 25%，产生自杀念头的可能性也要低 20%。研究人员建议广大父母，应保证孩子每天至少有 8 小时至 9 小时的睡眠。

缺觉对于青少年认知能力的影响最大。加州大学圣迭戈分校研究人员进行的对比研究发现，老年人和青少年减少相同量的睡眠时间后，老年人认知能力受损程度明显要小于青少年。因此，研究人员告诫父母，让孩子熬夜学习，实际上是得不偿失。

芝加哥大学研究人员最新完成的调查发现，睡眠少会使中年人患高血压的风险上升。每天睡眠时间平均为 5 小时的人与平均为 6 小时的人相比，5 年内患高血压的风险会增加 37%。美国疾病控制和预防中心建议，成年人每日睡眠时间应为 7 小时至 9 小时。

美国匹兹堡大学研究人员报告说，他们在为期8年的跟踪调查中发现，婚姻稳定的女性以及恋爱中的女性，要比那些单身或失恋的女性睡眠状况好得多。研究人员说，这表明，婚姻或恋爱关系是否稳定是影响女性睡眠的重要因素。

　　亚利桑那大学研究人员的调查也发现，婚姻或恋爱关系与人们的睡眠质量实际上是直接相互影响的。每天晚上如果睡得好，人们第二天就能更好地与伴侣相处；白天如果与伴侣发生不愉快，当晚的睡眠质量肯定高不了，女性对此反应尤其敏感。研究人员建议，夫妻应该尽量使两人关系和睡眠质量之间形成良性循环。

　　美国克莱顿睡眠研究所的研究报告则重点关注压力与睡眠的关系。他们研究认为，人们日常生活中的压力与睡眠质量相互影响。压力大的人睡得少、睡眠质量低，白天工作受影响大。同样，晚上睡不好的人白天也更加容易抱怨压力大。

　　人们一般以为，睡得太多会长胖。而华盛顿大学的最新研究提醒那些减肥者，睡得太多和睡得太少，都容易使人发胖。

　　人一生大约有三分之一的时间用于睡眠。睡眠质量的高低直接影响人们生活的方方面面。不同的睡眠研究虽然侧重点不同，但研究人员传递的一个最根本的信息是，从婴儿到老年，睡眠在人生各个阶段都非常重要，睡眠是我们生活中最不该被忽视的问题之一。睡眠是"受伤心灵的药膏，大自然最丰盛的菜肴"

　　当今社会是一个全民养生的社会，各种各样的信息都向人们传递这样一个观点：不要在拼命工作的同时忽视了自己的身体，否则后悔就晚了。

近两年，我常常会接待一些拿着别处养生专家、保健专家给开的药方，却到我这里来求助的患者，说是明明按照专家的药方吃下去，效果却不明显。

每每至此，都会令人微微一笑。仔细观察坐在我面前的人，两眼无神，眼中充满血丝，或眼袋很深，或精神恍惚，一个明显的信号就是缺觉。因此，我想说的是：当你全盘接受专家给你的养生建议时，却忘记了一个最根本的事情—睡觉。

"三分调、七分养。"在人体脏腑失衡的情况下，使用药物固然很重要，但归根结底是对身体进行调养。"养"就是在日常睡眠、饮食、运动等方面养成良好的习惯，使身体尽快地恢复元气。正所谓"安寝乃人生最乐"，古人有言："不觅仙方觅睡方。"睡足而起，神清气爽，真不啻无际真人。"这种充足睡眠给人带来的快乐，确实万金难买。

睡眠，作为一种重要的医疗辅助手段早就进入了人们的视野。以精通三教九流著称的清代学者李渔在《闲情偶寄》中写道："养成之诀，当以睡眠居先。睡能还精，睡能养气，睡能健脾益胃，睡能坚骨强筋。"老百姓也常说："药补不如食补，食补不如睡补。"其实都是一个道理。

睡觉为什么对人的身心健康如此重要？

中医认为，人的体表有气运行，像人体外围的卫士，名卫气。卫气是固摄阳气的，它在人体体表不断地运化行走。白天卫气行在人体的阳分里，晚上则行到阴分里，就是行于阴经。阳气只要一入阴经，人就想睡觉。卫气在阴经中行走完，出离阴经的一瞬间，人就会醒来。因此，正常人应该是白天特别精神，晚上困倦，这叫"营卫之行不失其常"。等到人老了，气血衰弱，肌肉枯槁，气道干涩，元气不足，白天就不够精神，昏昏欲睡，到了晚上精气也不足，又睡不着。人睡眠的好坏直接关系到寿命的长短，睡眠是阴，我们要用夜晚的阴来养白天的阳，养白天的精、气、神。

说得更形象些，睡觉的过程就好像是手机的充电过程，是人体恢复精力所必需的手段，由于有专门的神经中枢管理睡眠，所以在睡觉时，人脑只是换了工作方式，使能量得到储存。

大量的临床实验证明，处在睡眠状态下的人，肌肉会放松，神经反射减弱，体温下降，心跳减慢，血压下降，新陈代谢减慢，胃肠道的蠕动明显减慢，意识消失，此时，正是给身体充电的最佳时刻。相反，当一个人睡眠不足的时候则会对人体产生巨大的危害。

医学认为，每天睡眠时间减少一到两个小时属于轻度睡眠剥夺，减少 3~4 个小时属于重度睡眠剥夺。如果一个人 18 个小时没有入睡，反应时间将从 0.25 秒变为 0.5 秒并继续变长。而普通人将开始体验阵发性昏睡，不管在任何地方，大约持续 2 到 20 秒，之后你会发现需要重新读一遍刚才读过的东西。你的眼皮变得越来越重，到了 20 个小时时，你将开始打盹。

而根据研究表明，这时正常人的反应速度基本等同于血液中酒精含量为 0.08 的人——若保持这个数值驾车，你将在很多国家遭到拘留。你还会忘记很多事情，例如二次检查姓名的拼写，或在山坡上停车时设置刹车等。

因此，如果长期缺乏睡眠，必然导致体力透支、身体疲劳，进而诱发各种疾病。想象一下你反复刷一张信用卡却不按时向银行还钱时的情景吧！最终会发生什么——你的信用卡被银行注销。

别以为这都是天方夜谭，如果你长期缺乏睡眠，结果正是如此。

人一生中有三分之一的时间是在睡眠中度过的，睡眠作为生命所必需的过程，是机体复原、整合和巩固记忆的重要环节，是健康不可缺少的组成部分。几乎每个人在忙碌了一天之后，都需要美美地睡上一觉，难怪著名戏剧家莎士比亚曾用诗一般的语言称颂睡眠是："受伤心灵的药膏，大自然最丰盛的菜肴。"

今夜睡眠好，明天精神更好。但愿每个人都能"梦"想成真——睡觉睡到自然醒！

夜深了，忙碌的人儿，请停下你的脚步，卸下你的行装，睡吧！晚安……"睡债"越积越多，疲劳得不到解除，人就会有诸多不适的症状，比如头脑长期昏沉、周身疲乏、精神不爽，易于导致衰老和疾病等。

我有一个朋友，是做图书编辑的，工作十分努力，经常深夜一两点还在埋头工作，家人劝她休息，可是她还是不肯放下工作。但奇怪的是，她的工作效率并不高，她的工资是按字数拿稿费的，每个月的工资都处在编辑部成员工资中的中等水平。而其他几位拿得多且跟她同样稿酬标准的编辑，也没有像她一样天天晚上熬到深夜。

她的婆婆对此很不理解，说她天天挂在网上聊天了。可是我这朋友却很委屈，觉得很冤枉，因为她的确是在很努力地工作的，只是脑袋整天昏昏沉沉的，效率不高，加夜班也是为了多挣点。

她很烦恼，所以来找我。听她诉说自己晚上加班且工作效率不高的情况，又遭到家人的误解，我很同情她，但必须得和她好好沟通一下。

我跟她说："我想你可能进入了一个作息的误区。要知道脑力工作者，是要学会科学用脑的，只有睡好，才能提高大脑的工作效率，进行创造性的活动。长时间地'开夜车'，会影响大脑的作息机制，并且对身体健康也不益，工作效率也不高。因为人有'早起晚睡'的作息规律，同样，依据此作息规律，人的大脑也在遵循这一规律而白天清醒，晚上需要休息，也只有这样，才能使大脑处于一种平衡的兴奋状态，有益于大脑的休整和功能发挥，有益于脑力工作和身心健康。可是如果你总是在晚上熬夜，导致用脑时间过长、就会使脑细胞由兴奋状态转入抑制状态，使自己变得头昏脑涨、思维迟钝，甚至还会严重地损伤脑细胞，当然想提高工作、学习效率也是不可能的，实在是一件得不偿失的事情。"

"所以在学习一段时间之后，一定要休息片刻，才能恢复脑力，使学习、工作效率得到提高。尤其是在晚上，一定要保证充足的睡眠，这样才能保证大脑的休整。俗话说'磨刀不误砍柴工'，所以该睡觉时，一定要睡觉，不能用熬夜的方式来'磨'自己的工作任务，要知道熬夜获取的那一点点工作量，则可以影响第二天一天的工作效率。所以夜晚熬夜工作、学习的人一定要改！好好睡觉，才能获得更好的工作和学习效率！"

听我这么说，朋友表现得有些不屑，她说："是的，你说的我都懂，可是我一事到临头时，就不行了，习惯性地熬出工作来！很难改变！"

我耐心地给她讲道理："这个道理很浅显，很多人应该明白，但是我的意思是我得把这个道理重点提出，让你更明白，就是希望你能引起重视，能改改作息时间啊！""可是我怎么改呢？"朋友无奈地说。

"其实，很简单，我告诉你！"

我想有我这位朋友的想法的人不再少数，针对避免熬夜，保证睡眠充足，在此我给出以下建议，请大家学习参考：

首先，要认知到熬夜的危害性，自觉不熬夜。

我想熬夜的危害性，应该人人都知道，只是知道的不那么科学而已。既然知道熬夜不好，那么就把这个思想强化，避免熬夜。如果再熬夜时，跟自己讲：熬夜会让我变得不健康，变得工作效率不高，变得不漂亮，变得更易衰老等。进行自我暗示，来强迫自己不熬夜。

其次，保持规律性作息，工作、学习时要避免干扰，最好按计划完成，别把熬夜加班当替补。

很多人白天工作时不努力，总觉得晚上加会儿班就赶出活来了，长期这样下去，什么事都熬夜来做，养成心理依赖当然不好。所以要改变，从白天工作、学习时就开始改变态度，白天事白天毕，不要用熬夜来完工。坚持这么做，你才会获得充足的睡眠的同时，享受规律的健康生活。

再次，如果你确实是夜工作者，那么我建议你尽量补足睡眠。

很多人是轮班工作者和夜工作者，这种情况，就要建议你如果有条件，尽量换工作。如果不能换，也最好要求一段时间进行工作时间的调换，并且白天尽量保证8小时睡眠，要保持睡眠环境的安静和黑暗。

如果你是失眠导致睡眠不足，那么建议你早些看医生，早做各方面的调整，必要时可以结合营养药物、安慰剂，配合暗示性语言、行为等，来纠正睡眠问题。当然也可以参考本书的相关自我安眠保健内容，防治失眠，保证好睡眠，养护好身体，达到幸福、健康、长寿的目的。

五脏功能是睡眠活动的基础

晚上睡不着觉，辗转反侧，连续起身，听着外面时不时呼啸而过的汽车声，说有多难受就有多难受。

这不，有一天我就接待过这样一位患者，是一个30来岁的男性朋友。他一进门就说："医生，最近我的睡眠特别不好，老是起夜，睡不着，在床上翻来覆去，有时候到凌晨一两点才睡着，但不一会儿就醒了，睡眠很浅。"

于是，我便问："你是不是最近碰到了什么心烦的事情？"

这位患者大吃一惊，说："你怎么知道？唉！我最近运气很差，生意上资金周转不开，本想抵押房子，结果申请不下来。找朋友借吧，一下凑不上那么多，总之很棘手。脑子里每天就这事，越想越乱，越想越睡不着。"

听完他这一叙述，我大致知道了他的情况，为了进一步确认，我又问道："有没有消化不良，比如拉肚子的情况？"患者立马又作出吃惊的表情，连忙说"有"。

对此，我心里就有底了。这位患者属于心脾两虚。这一类的人除了心神慌乱、健忘、精神疲惫、睡得浅而容易醒来之外，还伴随有脾胃（消化系统）不适的问题。因此，我给他开的方子是健脾食方，即"四神汤（莲子、淮山、芡实、茯苓）"，另外像红枣及薏仁也都有补益脾胃的效果。

也许，有人会问，睡眠不好为什么会牵连到心脾之类的五脏上来呢？其实，失眠和人体的"五脏"——心、肝、脾、肺、肾都有关系。关系最直接的是"心"。中医所谓的"心"不单指"心脏"这个器官，还包括主管分析、思考、记忆、睡眠等脑部及自律神经的功能。五脏是睡眠活动和一切生理活动的基础根底。先天之精化为五脏躯体，五脏主躯体又生化后天之精，以为气化活动基础。五脏藏精，虽有《本神》血脉营气精之论，此言其大体也，实则五脏之形质、皮肉筋脉骨躯体以及精血津液，无不是精之存在与盛衰的体现。因此，五脏之精充盛，其气化活动才有充足化源，睡眠以精为根基，精盛体壮才能寤起，神情充沛、寐息深沉酣畅。

现如今，人们的生活节奏过快，每天操心烦恼的事情多，而过度"用心"的结果，就是让"心"疲累不安、思绪不清，导致睡眠质量遭到破坏。从中医角度看，压力及郁闷之气会影响肝的健康。人们承受压力时，肝是第一线作战的大将军，所以经常被压力压得喘不过气。而"气"多变成"火"，使身体一直处于亢进的状态，很难入眠。碰上压力大时，补充能舒肝减压的食物，比如绿色及口感带酸的水果，如柠檬、猕猴桃、梅子及绿色蔬菜。此外，肝火旺时容易口渴，需要喝充足的水。中医推荐可以镇静情绪的玫瑰花茶、薰衣草茶，若要加强促眠效果，可以加入少量具安神作用的酸枣仁一起喝。

如果是年老体弱者，或者是久病不愈、劳累过度者出现睡不安、时睡时醒、腰酸腿软、潮热盗汗等表现，这多是肾阴虚、心火旺所致，应滋阴补肾。我建议多用山药、枸杞、粳米一同煮粥，安神助眠。这也是我们自己家桌上常见的菜。

另外，还有一种是正处在病中或病刚好的人不能安睡，同时还伴有口干身热、小便短赤等表现。这就则需清肺火。在中医来讲，外邪入侵后，人体正气虚弱，易心烦，所以会辗转反侧不能安睡。因此，我建议可多吃胡萝卜、木耳、蜂蜜、梨、枇杷等，尤其是枇杷效果较好。

如果是由于胃气失和、消化不良、腹胀不适而导致一夜难眠，则需要在饮食上作合理的调整。三餐的分配要像倒金字塔，早餐吃得丰盛充足，午餐适中，晚餐则清淡少量。

由此可见，睡眠，看起来简单而又平常的事情，牵动着我们的五脏六腑，可谓是牵一发而动全身。

因此，要想拥有好的睡眠，需要各方面调整，只有这样，才能真正睡得香、睡得甜。

充足的睡眠是精气神的关键，也影响着学习效率。

（二）拯救睡眠

有氧运动有助睡眠，对于睡眠不佳者来说，每晚"数绵羊"倒不如每天做运动。据调查，那些经常锻炼的人在睡眠质量方面要明显优于那些不做锻炼的人，并且出现失眠现象要少一些。

我们大多数人都认为运动可以改善睡眠。但上个月在美国运动医学会学报上发布的一项新研究正在对此作出挑战。

在这项研究中，862 名瑞士的大学生被要求记录如何运动，以及他们的睡眠如何。这些数据被用来研究他们之间的相关性以及这些学生对身体适应运动的估计误差。超过 16% 的学生低估了自己做的运动，也就是说他们比其他同学做更多的运动，自己却觉得做得不够。

这些学生的自我记录显示，他们认为自己运动不足，所以睡眠也比较差，尽管他们比其他学生的运动更多。最终的结果是：没有多少学生是因为真的运动带来了好睡眠，而是自己认为运动充足的睡眠好，自己认为运动不足的睡眠不好。

用研究员马库斯·格柏的发给我的邮件里的话说就是："一个人'认为'他自己做了什么比他实际做了什么更重要。"

事实上，这一结论是不正常的。把运动和睡眠的对应关系归结于一种鲜为人知的身体暗示可不容易。南卡罗来纳州的运动学博士肖恩说："运动和睡眠的关系确实是非常负责的。"

在他几年前领导的一项具有代表性的实验中，比如请大学生——一些运动，一些久坐——在数月中做好睡眠细节和运动记录。在实验结束时，研究者对其进行了关联，结果并没有发现多做运动睡眠更好的情况。在另一项实验，一群人被录像机记录他们的运动和饮食情况。他们同样连续记录运动日记。使用录像记录的客观数据和活动日记，研究者发现运动只对睡眠有很小的影响：活动多的人比活动少的人入睡快一半，但是他们的睡眠是一样的。

但是，我们大多数人会继续相信运动对于睡眠有帮助，这在过去10年间进行的一次大调查中已经显示：大家都觉得当他们运动之后睡眠会好。经常有报道说他们在周末睡眠更好，周末他们有足够的时间运动，但是当他们有压力时，睡眠会受影响。

你的运动可能影响你的睡眠。过量运动可能导致失眠问题。运动和睡眠之间一定是有联系的。但是大多数实验数据显示深度睡眠是复杂的。如果人们本来睡眠很好，那么用运动来提升睡眠质量就没什么空间了。

当然，科学只提供最实用的建议。

睡眠质量不好，与其吃药不如多吃一些天然的食物，助于睡眠。

牛奶中色氨酸是人体八种必需的氨基酸之一，它不仅有抑制大脑兴奋的作用，还含有能使人产生疲倦感觉的作用。它是体内不可缺少的氨基酸之一，一杯牛奶中的含量足够起到使人安眠的作用，可使人较快地进入梦乡。有些人长途旅行后，劳累过度，夜难安睡，可用一汤匙食醋兑入温开水中慢服。饮后静心闭目，不久便会入睡。若因烦躁发怒而难以入睡，可饮一杯糖水。因为糖水在体内可转化为大量血清素，此物质进入大脑，可使大脑皮层抑制而易入睡。小米除含有丰富的营养成分外，小米中色氨酸含量为谷类之首。中医认为，它具有健脾、和胃、安眠等功效。食法：取小米适量，加水煮粥，晚餐食用或睡前食用，可收安眠之效。还有葵花子，葵花子富含蛋白质、糖类、多种维生素和多种氨基酸及不饱和脂肪酸等，具有平肝、养血、降低血压和胆固醇等功效。每晚嗑一把葵花子，有很好的安眠功效。当你失眠的时候，吃一点面包，能使你平静下来，催你入眠。不仅这些，莲子清香可口，具有补心益脾、养血安神等功效。近年来，生物学家经过试验证实，莲子中含有的莲子碱、芳香甙等成分有镇静作用；食用后可促进胰腺分泌胰岛素，进而可增加羟色胺的供给量，故能使人入睡。每晚睡前服用糖水煮莲子会有良好的助眠作用。

良好习惯可以助眠：下午以后不要再喝含咖啡因的饮品。要把一天喝的茶，咖啡或可乐限制在 2 杯以内，而且至少要在睡前 6 个小时喝。在睡前 1—2 小时不要吃东西，喝酒或吸烟。不要养成时常打瞌睡的习惯。

如果你常常上床前觉得"焦虑"，建议晚餐后用约 30 分钟写下那些问题和可能的解决方法。养成睡前放松自己的习惯，如洗个温水澡，阅讲读数分钟书刊等。不管你觉得想睡与否，养成定时起床的习惯。入睡前 20 分钟可以用温热水泡脚或做足穴按摩，促进睡眠。放个苹果在床头，据说苹果的香气有安神，催眠的作用，当然也不乏心理暗示的功效。把电视开着，音量关轻，呈现若有若无的状态，然后选择睡眠定时，"此时有声胜无声，"见效时间约半小时。

如果说大脑是加工各种想法的器官，那么心理则是赋予各种想法内容和意义的意识。我们已知道，某些睡眠障碍是由于大脑对一些生理周期的控制，如生物钟，我们对此无能为力。但另一些扰乱睡眠的因素则是人为产生的一些心理活动（如焦虑）所致。只要学会了如何放松心情、驱除杂念，这些困扰即可迎刃而解。

我们将汲取古今中外的睡眠技巧的经验，探讨如何准备养精蓄锐的睡眠。有些技巧—冥思—源于佛教、印度教和其他东方宗教里开悟的精神方法；另一些，如更现代的幻想法、催眠法等，则是动用了大脑的想象力和创造力来帮助我们提高睡眠质量。

无法入睡时，总能归咎于身体的不适或更多时候是心理上的包袱。我们对自己说："我睡不着。""醒来时，脑子在疯狂地转。""我忍不住地想这想那。""睡着使我忧心忡忡，不知会对我有什么影响。"等等。解决缺觉的一个最好的办法是"思维控制"。要想睡好，必须驱除那些困扰你的、让你焦虑的、容易醒来的念头。我们怎样才能不再去幻想如何改变使我们恼怒、困窘的过去？或者是躺在那儿，对未来感到心悸？

开始时，最好尝试换个角度看待引起烦恼的往事。我们中有些人对生活的看法容易扭曲。所有的事物非白即黑—任何特定的情形中，我们要么认为自己做得很漂亮，要么觉得是个可怜虫；而现实生活中绝大多数情形都是灰色的。给自己设定崇高目标，并努力分析为什么（比如）期望在考试中取得 A，却只得了个 B 是好的（也是健康的心理）。但你也得学会接受并承认得 B 的事实。一个办法是用积极的语言鼓舞自己，消除消极语言。比如，如果是由于目标设定的过于理想化，你不停地抱怨自己没有做好，不妨在睡觉前对自己说："稍差一点也可以。"或者"人无完人。"或者"没有说我必须做到最好。"如果你每晚都重复你这种肯定心理至少十次，这个信息就会慢慢渗透到你的潜意识中去。一旦你开始接受了过去，你就会发现你对将来又有了一种新的信心。但如果你还是不停地担心会发生最糟的事，这个方法仍然管用，不过这一次这样对自己说："不管我担心不担心，该来的还是要来，"或者"事情总是比我预料的好。"原则还是一样：用积极信息代替消极信息。

满腹心事，睡不着或者醒来后再也睡不着时，容易导致失眠。每晚专门留出约 30 分钟处理你的烦心事。写下你的烦恼以及第二天可以采取的措施，会好一些。然后，在睡觉前，做下面的练习，驱逐心中所有烦恼。

1、选一个舒适的地方坐下，合上双眼。注意力向内，集中在你的呼吸上。慢慢深吸气，直至放松。

2、想象你身边围着一群黑色的鸟，它们绕着你飞翔，争相吸引你。这些鸟象征着你的烦恼—最大的鸟是你迫在眉睫的烦恼，以此类推。将注意力集中在最大的鸟身上和它所代表的烦恼。当它俯冲下来时，抓住它。感觉它是多么轻，问问自己：这么一个无足轻重的东西怎么就重重地压在你的心头。

3、松开这只黑鸟，同时松开那个特定的烦恼。看着它越飞越远，颜色由黑变白，冲入云霄。

4、在其他鸟身上重复这一过程，抓住的鸟越多越好。松开每只鸟后，停留片刻，享受一下你所体验到的轻松和宁静。

另一种有效的"心理管理法"则是尽可能客观地分析你的焦虑有无根据，你的看法是否错误。失眠的夜晚，人们很容易得出一些无事实根据的消极观点，比如，只关注事情的糟糕或不利的一面而对有利的一面压根儿看不到。或者因为你觉得你在某方面是一个失败者，就感到自己一无是处。如果正是这类想法使你在睡不着时产生愧疚感，那么下面的技巧会帮你正确对待你的焦虑。

假设你刚刚面试了一份新工作，正在等面试结果的通知。这段时间里，你的睡眠受到了严重干扰：你半夜不停地醒来，在脑海里一遍遍重复面试的情景。你感到你的表现糟糕透了，不可能得到这份工作。现在让你的思想回到面试上，并设想你是接见人。根据你的记忆把当时的情景回忆一遍，这次从一个经验丰富的理智的接见人的角度审视你的表现。比如，你可能觉得当时问薪水和奖金的事显得你太注重金钱，但接见人可能认为这类问题反映了你看重自己的价值和技能并期望与之相符的报酬。

这样做时，最好记下你的种种新的发现，你就可以衡量与你最初的评估相符或相背的"证据"。做成两列，一列记下你对面试的印象，一列记下接见人或在场的其他人可能产生的印象或对整个面试的感觉。收集好这些资料后，试着做出各种不同的解释，从与你的观点一致到截然相反，判断哪种更为合理。你可能发现你的直觉是对的——你本可以做得更好——但你也可能认识到它并不像你最初想的那么糟。至少，以这种方式评估和分析一下你的焦虑可能帮助你更客观地审视这件事。这可以帮你改变扭曲事实真相的倾向，让影响你睡眠的焦虑成为过去。

发怒是一种损害身心的紧张反应。如果某些想法让我们发怒，我们的身体会做出相应反应：释放出肾上腺素、心跳加快、肌肉紧张。我们在这种刺激下随时都能发作。这种情绪激愤状态与睡眠所要求的状态正好针锋相对。因此在入睡前化解怒气是十分重要的，否则我们会心烦意乱，无法入睡。

改善睡眠的方法之一便是确保一个常规的发泄渠道。怒而不发会引起严重的睡眠障碍，而睡眠不足又会加重这种强烈的情绪，令我们烦躁不安，容易惹事生非，从而形成恶性循环。那么，怎样消气呢？有许多方法可供选择。譬如，从事体力劳动，参加竞技体育运动，如垒球、网球，到体育馆去发泄或者学一门动作舒缓的武术，如太极。也许一些更为柔和的发泄方式对你更有好处，如瑜伽、冥思或幻想术。任何一种方法都将释放掉你的郁火，有利你的健康，当然同时改善你的睡眠。

冥思已在东方实行了几千年，它是一种有意识地让身体尤其是思想沉静下来，达到深度放松的过程。由于我们的睡眠很大程度上取决于我们未睡前的放松能力，因此很有必要在此小费笔墨讲一下冥思法。

科学认为，冥思进入深层次时的脑电波接近于轻度睡眠时的脑电波—这两种状态下都主要是 alpha 波在活动。虽然要达到这种状态需要一定的练习基础，但即使对初学者来说，冥思也是大有益处。冥思有时被称作"休息状态下的警觉"，看似矛盾，实则恰如其分，因为冥思的状态结合了睡醒两种状态的特点。睡眠时我们的心率降低、新陈代谢减慢、消耗的氧气较少、意识不到外部世界。这些状态同样符合冥思时的情景—除了一条：在冥思时，看似对外界无意识，实际上思想始终十分活跃。据称，瑜伽练到上乘时，冥思可以完全代替睡眠。不过，我不建议这样做。

开始时，你可以在入睡前练习冥思以改善睡眠。

（三）制定学习计划好处多

制订学习计划可以帮助我们充分地利用时间提高学习效率。制订了计划之后就不会再出现"有时学到深夜而有时又无所事事一整天"那种情况，使学习既不紧张又不松驰，学习效果得到了保证。

制订学习计划，使学生明确学习要有目的性，计划性和规律性等。学习的目标明确，实现目标也有保证。学习计划就是规定在什么时候采取什么方法步骤达到什么学习目标。短时间内达到一个小目标。长时间达到一个大目标。在长短计划指导下，使学习一步步地由小目标走向大目标。恰当安排各项学习任务，使学习有秩序地进行，有了计划可以把自己的学习管理好。到一定时候对照计划检查总结一下自己的学习，看看有什么优点和缺点，优点发扬，缺点克服，使学习不断进步。对培养良好的学习习惯大有帮助。良好习惯养成以后，就能自然而然地按照一定的秩序去学习。有了计划，也有利于锻炼克服困难、不怕失败的精神，无论碰到什么困难挫折也要坚持完成计划，达到规定的学习目标。提高计划观念和计划能力，使自己成为能够有条理地安排学习，生活、工作的人。这种计划观念和计划能力，学生都应该学习和具备，这对一生都有好处。

没有学习计划"脚踩西瓜皮，滑到哪里算到哪里"，这是很不好的。高尔基说："不知明天该做什么的人是不幸的。"虽然学校有教育计划，老师有教学计划。学校和老师的计划是针对全体学生的，每个学生还应该按照老师要求针对自己的学习情况制定具体的个人学习计划，特别是修学以后的自学部分，更要有自己的计划。由于学习计划有必要又大有好处，所以有计划地学习成为优秀生的共同特点。学习好和学习不好的差别当中有一条就是有没有学习计划。这一点越是高年级越明显。

计划是实现目标的蓝图。目标不是什么花瓶，你需要制订计划，脚踏实地、有步骤地去实现它。通过计划合理安排时间和任务，使自己达到目标，也使自己明确每一个任务的目的。促使自己实行计划。学习生活是千变万化的，它总是在引诱你去偷懒。制订学习计划，可以促使你按照计划实行任务，排除困难和干扰。实行计划是意志力的体现。坚持实行计划可以磨练你的意志力，而意志力经过磨练，你的学习收获又会更一步提升。这些进步只会能使你更有自信心，取得更好的成功。有利于学习习惯的形成。按照计划行事，能使自己的学习生活节奏分明。从而，该学习时能安心学习，玩的时候能开心地玩。久而久之，所有这些都会形成自觉行动，成为好的学习习惯。提高学习效率，减少时间浪费。合理的计划安排使你更有效的利用时间。你会知道多玩一个小时就会有哪项任务不会完成，这会给你带来多大的影响。有了计划，每一步行动都很明确，也不要总是花费心思考虑等下该学什么。

人的一生，要学的东西很多，而时间又是有限的，这就要求我们在短时间内学到更多的东西，也就是保持高效率的学习，最好的方法便是制订学习计划。

学习计划要从自己的实际出发。每个人的情况不同，那么学习目标也不同，当然计划也不可能千篇一律。制定计划的最终目的是使自己有所提高，如果制订的计划不适合自己，就会适得其反。比如我平时英语学得不理想，我就在计划中及时增加了用于学英语的时间，结果英语成绩有了一定的提高。总之根据自己的目标、能力，制订适合自己的计划是非常重要的。但是我们不能保证制订的计划就一定适合自己，这就要求我们执行计划时根据实际情况对计划适当调整，去掉里面不合理的东西，使它适合自己。

要把制订的计划工整地写在纸上，并把它放在醒目的位置，这对刚刚开始制订计划的同学更为重要。我刚开始制订学习计划的时候，就把计划写在一张白纸上，然后把它压在玻璃板下，每当我学习的时候，它就提醒我要按计划上写的做，这保证了我计划的圆满完成。当然，时间长了这一步就可以省掉了，因为计划已经印在了我的脑子里，每当那个时间我就会干那件事情，像吃饭、睡觉一样。所以不知不觉我就养成了良好的习惯。这也是"一举两得"。

我们既要制订大计划，又要制订小计划。大计划给我们指明了前进的方向，而小计划又能保证我们能够沿着这个方向前进，帮我们铲除一路上遇到的荆棘。所以我们要"大小兼有"。

凡事预则立，不预则废。做什么事有了计划就容易取得好的结果，反之则不然。有没有学习计划对你的学习效果有着深刻的影响。防止被动和无目的学习。毫无计划的学习是散漫疏懒，松松垮垮的。很容易被外界的事物所影响。

学习计划不是除了学习，还是学习。学习有时，休憩有时，娱乐也有时，所有这些都要考虑到计划中。计划要兼顾多个方面，学习时不能废寝忘食，这对身体不好，这样的计划也是不科学的。

在一个比较长的时间内，比方说一个学期或一个学年，你应当有个大致计划。因为实际中学习生活变化很多，又往往无法预测，所有这个长远的计划不需要很具体。但是你应该对必须要做的事情心中有数。而更近一点，比如下一个星期的学习计划，就应该尽量具体些，把较大的任务分配到每周、每天去完成，使长远计划中的任务逐步得到解决。有长远计划，却没有短期安排，目标是很难达到的。所以两者缺一不可，长远计划是明确学习目标和进行大致安排；而短期安排则是具体的行动计划。

制定计划，不要脱离学习实际，要符合自己现在的学习压力和水平。有些同学制定计划时，满腔热情，计划得非常完美，可执行起来却寸步难行。这便是因为目标定得太高，计划定得太死，脱离实际的缘故。每一个计划执行结束或执行到一个阶段，就应当回顾一下效果如何。如果效果不好，就应该找找原因，进行必要的调整。

（四）休息是为了更好的前进

人的精力就如同一根弹簧，在弹性允许的范围内拉开，弹簧会自动弹回，一旦超出了弹性限度，弹簧也就不"弹"了。学习也是如此，有些孩子几乎超负荷学习，可到头来成绩依然平平，这和没休息好不无关系。因此，在学习时，一定要会安排休息的时间，一旦超过了"弹性限度"，别说学习，身体都会吃不消。

学习是一种高强度的脑力劳动，需要保持清醒的头脑，否则将难以保证学习效率。以时间论成绩，通过加班、加点拼时间来换取一时的快慰，只会适得其反。众所周知，学习不是打疲劳战，它离不开养精蓄锐，必须要注意劳逸结合。

学习的时候用心学习，玩耍的时候尽情玩耍，休息的时候要放松休息，让身体和大脑恢复到最佳工作状态，这样学习起来也最轻松，效率会更高。不会休息的人就不会学习，现在的放松是为了后面更高效地学习，所谓文武之道，张弛有度，道理也在于此。

劳逸结合，就是既会学习，也会休息，使学习与休息结合起来、统一起来。心理学家认为：人的身体的一切疲劳都首先在大脑发生，这是怎么回事呢？因为学习的过程，是一种心理活动过程，也就是人的大脑皮层神经细胞的活动过程。大脑皮层的活动基本上有两种状态：一种是兴奋状态，一种是抑制状态，这两种状态基本上是平衡的并相互转换，当大脑皮层某部位处于兴奋状态时，受它控制的部位就进行工作；当大脑皮层某部位处于抑制状态时，受它控制的部位就休息。一个人除睡觉外，大脑皮层上总有一些部位处于兴奋状态，当这种兴奋状态过久时，它自己也要转入抑制状态。有时我们看书时间长了，就会感到思路不清、记忆力减退，甚至连注意力都难以集中，这是由于主管学习的大脑皮层神经细胞感到疲倦，要自动停止工作以便补充新的能量，这叫做自我抑制现象。如果这种自我抑制现象出现后还继续学习，就会导致大脑的部分神经细胞兴奋过度，使大脑自身兴奋和抑制状态失去平衡，造成失眠、厌食、头痛，或无故发脾气等症状。

学生们的时间很有限，怎样"忙里偷闲"调节自己的学习与休息呢？建议你在感到疲劳时暂时放下学习，可以去唱唱歌曲，或参加游戏，寻找些轻松的娱乐活动，使过分兴奋的大脑皮层神经细胞得以休息，使之迅速驱散由于长时间学习产生的疲劳。其实，在做娱乐活动的同时，也是获取知识的过程，除了享受到乐趣之外，或许能突发灵感，为你的学习打开新的思路，带来一个惊喜。还可以到体育场去打打球或散步，这能加快血液循环过程，使大量新鲜血液输入大脑，起到疏通陈血、排泄废物的作用，从而尽快地解除疲劳，使大脑重新充满活力，这是提高学习效率非常有效的方法之一。

想像一下，你决定学习两个小时，尽管有了些进展，头半小时还是会感到很吃力，但你会发现从这个时候开始，理解力开始提高阅读将进展越来越顺利。

这时，你是否应该靠在椅背上，稍作休息呢？

或者是保持这种感觉不错的状态继续学习，直到这股冲劲消失呢？

被调查者90%以上选择会继续学习，而在少数休息的人中劝导别人也休息的更是为数寥寥。

令人感到意外的是，这时最好的做法是休息一下。尽管理解能力会继续提高。但如果不休息，对已理解内容的记忆量就会下降。学习时间持续 20 - 50 分钟，然后适量安排休息这一点非常重点。很多学生为应付考试而连续学习 5 小时的做法早就过时了。理解与记忆并不同步，他们中的许多人未能通过考试也印证了这一点。

有很多理由表明，休息本身也是很重要的。

休息让身体得到体力调整和精神放松。释放学习中的紧张感是很有效的。

使理解与记忆的步骤保持和最和协的节奏。

使我们找出所学内容之内的内在联系，从而能使之有机联系起来，而不是纯粹为学习而学习。

记忆随时间增加而减少。每次休息时，我们对刚才学习内容将会增加，并在随后学习中仍处于顶峰状态产。

这就意味着：不仅学习时间安排得当可以增加记忆，而且休息时间安排得当，更能使记忆量增加。

第二章　全神贯注的学习

（一）克服人性的弱点

我们小时候都听说过猴子下山和小猫钓鱼的故事，两个故事都是教育我们学习的时候要专心致志，千万不要三心二意，否则就会一事无成。然而这两个故事所蕴含的真实规律确实这样的，那就是说我们每一个人的欲念本质上其实都是三心二意的。我们谁都明白三心二意的坏处，但是我们谁都不可能没有杂念，没有三心二意，所谓的专心致志也只能是所当我们有了杂念或者有了三心二意的时候，我们要努力去克制它，首先是认识到自己已经走神了、承认自己，提醒自己，然后才是克制自己。但是从根本上说，三心二意是永恒的，这就是人的欲念的特点，这个特点就是缺乏专注性，时刻都在变化注意力，这就是他的特点。

我们对于这个几个成语都很熟悉：重色轻友、见财起意、忘恩负义、见异思迁。还有我们经常说某一个人工作不认真，经常说这个人是耐不住寂寞、经不住诱惑、吃不得苦。从以上成语或则口头语我们可以知道，对于绝大多数人来说，意志都是薄弱的，信念都是不坚定的。特别是我们经常说别人或则自己杂念太多，静不下心来，这就是说对我们绝大多数人来说专心致志的时候简直是太少太少了，我们中的绝大多数人都是三心二意的，就算有一少部分人能够专心致志，那也是有时间限制的，顶多只能在很短的时间做到全神贯注。事实上那些心理学家早就总结出了人们专心工作的时间长度规律，那就是只能在很短的时间内专心致志。所以说三心二意是正常现象，而专心致志却是反常的现象，并不符合人类心理活动的规律。

而人们不能纵容人性中的这些弱点，若是放纵下去，只会让人类社会后退，因此，成功的人都是情商高的人，懂得如何掌握自己的情绪，控制自己学习时候的专心。

你知道什么是人性的弱点吗？自私自利、虚伪虚荣、懦弱胆小、好吃懒惰、心胸狭隘、嫉妒仇视，悲观厌世……这些都是人性的弱点，每个人的身上或多或少的都隐藏着这些弱点吧？因为这个世界上不存在十全十美的人。可是谁能知道人性的弱点产生的根源是什么呢？是与生俱来的吗？我觉得不太可能，不是说人之初性本善吗？那么人性的弱点应该是在成长过程中受到外界各种各样的因素干扰而逐渐积累下来的吧？

知道人性的弱点有多可怕吗？它可以扭曲一个人原本单纯善良的内心，也可以支配人们做出离谱疯狂的言行举止。当人性的弱点积聚到一定的程度的时候，一定也会让这个载体有种无法承受的感受，于是就只有爆发了，当它爆发的时候所产生的破坏力是无法想象的，并不亚于美国的原子弹吧。人性的弱点是以什么形式爆发的呢？人与人之间的争吵谩骂、勾心斗角、抢劫杀人、骨肉相残……这些就是人性的弱点所培养的产物吧？我们经常说某个人变态了，那么为什么会出现这样的人呢？这个病症的根源也应该是人性的弱点吧。人的承受能力是有一定的限度的，那么当我们无法承担这种外界压力的时候，慢慢地大脑就会产生某种变态极端的想法吧？

我真的无法理解在人性弱点支配下人们的行为怎么会变得如此的疯狂，连手足都可以残害，为什么他们的眼中看不见那刺目的鲜血，为什么要这样残忍地对待于自己朝夕相处的人？难道人真的都有两个灵魂吗？一个代表着天使，一个代表着恶魔，所以每个人都有两面性，哪一面起了主导作用就可以支配人的大脑做相应的行为吗？我觉得太可怕了！在这个物欲横流的时代我们更需要关注的是什么呢？难道只有环境污染时可怕的吗？如果人的内心被污染了，那种后果也将是混灭性的吧？

我们不是圣人，所以无法不犯错，无法避免自己的有这样那样的弱点，但是我们不可以忽视，如果因为我们的忽视而造成许多悲剧的话。面对弱点，我们应该学会克服，学会转化。这才是一个成功的人。

千千为敌，一夫胜之，未若自胜，为战中上。

——《法句经卷上·述千品》

这个偈子是说，若以一个人的力量去战胜成千上万的敌人，当然是够勇猛的战将了，但是，还不如战胜自己的烦恼心来得有价值。这四句话意味着"最大的敌人是自己"。

人的一生，总是在与自然环境、社会环境、家庭环境做着适应及克服的努力。因此有人形容人生如战场，勇者胜而懦者败；

从生到死的生命过程中，所遭遇的许多人、事、物，都是战斗的对象。其实，自己的心念，往往不受自己的指挥，那才是最顽强的敌人。

一般人认为，如果没有危机感、竞争力或进取心，可能会失去生存的空间，所以许多人都会殚精竭虑地为自己、为孩子安排前途，以作为发展的战场。

人生的战场上，千军万马，杀气腾腾。一位在作战时能够万夫莫敌，屡战屡胜的常胜将军，功勋彪炳，使得敌军望尘披靡，但他内心是否平安、自在、欢喜，就大有问题。例如拿破仑在全盛时期几乎让整个地球震颤，战败后被囚禁在一座小岛上，相当烦闷痛苦，难以排遣，因而说："我可以战胜无数的敌人，却无法战胜自己的心。"

可见能够战胜自己的心，才是最懂得战争的上等战将。

要战胜自己很不简单。一般人得意时忘形，失意时自暴自弃；人家看得起时觉得自己很成功，落魄时觉得没有人比他更倒霉。唯有不受成败得失的左右、不受生死存亡等有形无形的情况所影响，纵然身不自在，却能心得自在，才算战胜自己。

平常人很难不受环境影响，矛盾、冲突、挣扎，经常发生，如何调伏烦恼非常重要。发生在心外的事比较好应付，发生在心中的事则较难处理。这需要做自我排解、自我平衡的功夫，在观念和方法上都要努力。在观念上要想到这是种种因缘配合之下所产生的结果，自己仅是其中的因素之一，并不是唯一的因素，所以无法掌控，情绪自然会安定。在方法上则要做些自我约束与宁心安心的功夫，若能随时随地安心安身，便是真正战胜了自己。

（二） 成功在于专心

成功不是因为天赋而获得的，成功不是从天而降的，成功也不是你命中注定的，而是要用心才能成功。专心这一词所要表达的意义是无穷无尽的，专就专一，不被任何事物分散精神。而心就是要用心，想成功一定要用心。不怕困难，坚持不懈，你要用知难而进的心态去面对成功。专心，就相当于把专一和用心融合起来，就可以体现出专心一词的意思。目不转睛地对着一个事物思考，不会被任何事物所打扰，如果你没有用心，那你就不能成功了。

大凡成功者的经验都有共通之处，其中"心无旁骛，专心做事做人"可以说是成功的先决条件。如果我们想要成功，都必须是心无杂念，专心致志的。所以说，"心无旁骛，专心做事做人"是成功的保障，也可以说是"成功秘笈"。

《从罗丹得到的启示》中的奥地利茨威格应邀去罗丹家做客，罗丹带他到自己的工作中去参观。但他发现雕像有些毛病，立即修改起来，完全沉浸在工作中，当他修改完毕时，才发现茨威格站在自己身旁。连忙道歉，茨威格并没有生气，因为他从罗丹这里学到了很多东西。

苏格兰作家阿瑟·黑利从小酷爱写作，他不做任何工作，只专心写作，所以他的生活很拮据。朋友给他介绍了一份工作，让他做兼职，工作是写广告词，每月收入 600 美元，但被他拒绝了，他说："这样我就无法专心写作了。"过了几年，他成为了知名的作家。他写的《大饭店》畅销全球。

帕瓦罗蒂，少年时想迫不及待地做两件事，一是做专业的音乐教师，一个是做一个专业歌唱家。他把这个想法告诉了父亲，父亲让他坐在两把椅子上，然后拿走一个，他立刻坐到了地上。这使他明白了父亲的用意，他成为了一名歌唱家。成功不能同时做两件事，应专心地做一件事。

年轻气盛的我们，往往是初生牛犊不怕虎，满怀雄心壮志地憧憬自己一步就能成功。这也不是没有可能，但机率极小极小。成功需要天时、地利、人和，其实哪一条掌握好都需要丰富人生阅历与经验的积累，即便是天上真掉下来馅饼，也得我们自己能跑能跳，能张开嘴恰好够得着啊！

成功需要在实践中磨炼。只有远大志向，不把它付诸实际行动，只能是白日空想。或者虽然开始摩拳擦掌地行动了，但稍遇到点困难，就悲观失望，怨声载道，感慨不公，最后也只能是雷声大雨点小，虎头蛇尾地收场之路。还没迈上成功之路呢，就先被自己打败了。

选择了一条自己喜欢的道路，认为是正确的，并且已有很多前人成功的经验了，我们就要义无反顾地走下去。风雨雷电，四季轮回都是正常的。应该感谢风风雨雨，电闪雷鸣带给我们难得的一路景致，正是它们给平凡的日子奏响无限精彩的豪情乐章！

如果因为淋到了雨，吹到了风，便羡慕温室的花朵，对镜自哀自怜命运的不公；因为小石子碰到了脚，就气愤路面的不平，再踢几脚，肯定会更疼，于是继续气愤，继续踢，不仅耽误了大好的光阴，还会陷入负面情绪的恶性循环。不从这些负面的性格和习惯中醒悟挣脱出来，会贻害自己的一生！

其实，在我们成长道路上所遇到的种种困难，别人也肯定遇到过，只是因为心态不同，造成的处理方式不同，形成了表面上的风平浪静、一帆风顺和滔天大浪、无法收场。纵观历史多少英雄豪杰，近瞻现实风华精英，我们就会发现，凡事皆在人心所为。不知大家观察过没有——真正成功者或大笑，或微笑时，他们的笑容似孩子般天真灿烂，而眼神却是超乎寻常的坚毅和执著。正是这种执著和坚毅铸就了他们的辉煌成功。羡慕佩服之余，我们可曾想过，他们也曾经是像我们一样在追逐梦想的道路上共风雨的同路人啊？所不同的是，我们瞻前顾后，患得患失，而他们，一旦选择，便义无反顾，风雨无阻地走下去，直到敲开成功的那扇门。他们的执著也许曾被我们讥笑为脑筋不灵活；他们不计较得失的坚忍，也许曾被小聪明的我们误认为是傻。但正是这种认定目标，时刻知道自己应该做什么，不为小事所困扰的"傻"，才是真正的大聪明。

人生短短几十年，又被种种欲望包围着，只有经历了世事的磨砺，心智才会逐渐成熟。于纷繁芜杂中拼杀出来，返朴归真，了然顿悟生命的真谛后，我们才终会明白自己究竟应该做些什么。恐怕到那时，悔之晚矣！

人生如梦非梦，既然欲求世事精彩，那么，朋友们，就不要贻误了大好时光，从琐事中跳出来吧，心无旁骛、专心致志做事做人，这才是成功的正道！无数小成功的经验积累，会使我们不断地纠正，完善自己，历经岁月沧桑，最终铸就生命真正的辉煌！

（三）学习别人的优点

　　人与人之间是有区别的，只要你细心你会发现每个人身上都有优点，都有与众不同的地方，我们需要学习别人的优点，以弥补自身的不足之处，仔细想想我们每个人都有缺点，而人与人之间更需要和谐的相处，这样大家才会更加的快乐，而要想快乐，彼此之间需要合作和互助，这样我们所要做的事情才能做得更好一些，我们看到别人的优点，彼此之间会少一些矛盾，多了一些和谐美妙的音符是一件很快乐的事情，而从我们个人来说学习别人的优点我们也能够取得更大的进步，我想从人的内心来说人人都渴望进步，在我看来学习别人的优点就是一个方法，如果你进步了，你一定很开心，看到别人的优点，你也不用过多的担心自己不能与他人相处好，也许相反，想到他人的优点你会在内心微笑，不愉快一扫而光，多多学习别人的优点吧，在不知不觉中你会取得更大的进步，这进步会超出你自己的想象，你也会多一份快乐和美好。

　　德高望重、知识渊博的弘一法师，深受人们的敬仰和爱戴。他从来都不认为自己已经达到了很高的境界，他非常谦虚，总感到自己还有很多不如人的的地方，总想着向别人学习。一代宗师尚且如此，我们这些凡夫俗子又岂能例外呢？

　　古今中外，许多成功人士，皆有向别人学习的优点，他们的成功正说明了这一点。一代天骄成吉思汗就是这样一个善于学习别人长处来弥补自己不足的人。

几乎在每次较大规模的战争中，成吉思汗都处于劣势，可是为什么大多数情况下又是以他的胜利而告终呢？除了成吉思汗本身能征善战、足智多谋之外，还有非常重要的一点，就是他善于学习别人，即使对方是自己的敌人。

成吉思汗对于工匠有着极大的兴趣，每次战役之后，工匠一个不杀，都带到大漠，让他们从事生产。这是因为蒙古生产技术落后，尤其缺少工匠。也真难为成吉思汗能想出这样的办法来，用最快的方式赶到了时代前沿，不亚于经历了几次科技革命。他让工匠们建造了很多的大兵工厂，生产作战所需的兵器。

有一个俘虏想活命，但他又不是工匠，当元朝军队过来检查时，他用右手食指在左手食指上来回换了两下，表示他会锯木头，居然因此就保全了性命。有一个西夏的降人，工技娴熟，因而深得成吉思汗的宠爱。当耶律楚材到成吉思汗身边时，这个工匠讽刺他说："现在是需要工匠的时候，你这个酸秀才来干什么？"足见当时工匠的地位是很高的。

而且，成吉思汗还把被俘的工匠组成了独特的军种——工匠队。有人说，这是古代军事史上最庞大的独立兵种。

充分利用工匠，保证了元朝军队的武器始终处于世界先进水平。他们不仅有抛石机、连发弩、"火焰喷射器"，还从汉人那学习了火药技术，改进了火器，建造了当时世界上威力最大的火炮。在后来的攻城战中，炮兵的作用越来越重要。四大发明中的火药技术传到欧洲，就是元朝军队带去的。

让当时几乎是最落后的民族掌握时代最先进的技术，成吉思

汗用一个"借"字，解决了几百年都不一定能解决的问题，这不仅表现了他的谦虚好学，更表现了一代天骄的雄才大略。

成吉思汗为了改变本民族的落后面貌，努力学习其他民族先进的技术、理念，以彼之长补己之短，这在当时是非常难能可贵的。

面对自己的缺点和不足，我们不应该感到害怕或是极力去掩饰，这样只会让我们的缺点和不足更明显，对我们的发展更不利。我们应该做的是，清醒地看到自己的缺点和不足，虚心向他人学习，吸取他人的长处，以弥补自己的不足，这样才能不断进步。爱因斯坦的父亲和杰克大叔去清扫一个大烟囱。那烟囱只有踩着里边的钢筋踏梯才能上去，于是杰克大叔在前，爱因斯坦的父亲在后，一级一级地爬上去；下来时，杰克大叔依旧在前，爱因斯坦的父亲跟在后面。于是当他们走出烟囱的时候，杰克大叔的后背、脸上全都被烟囱里的烟灰蹭黑了，而爱因斯坦的父亲身上连一点烟灰也没有。爱因斯坦的父亲看见杰克大叔的模样，心想自己的脸肯定和他一样脏，于是就到附近的小河里洗了又洗；而杰克大叔看见了爱因斯坦父亲干干净净的样子，就只草草洗了洗手，然后大模大样地上街了。街上的人笑痛了肚子，还以为杰克大叔是个疯子哩。

这是爱因斯坦16岁时，他父亲给他讲的一个自己亲身经历过的故事。父亲说："其实，只有自己才是自己的镜子，如果拿别人做镜子，白痴或许会把自己照成天才的。"

父亲的故事照亮了爱因斯坦的一生。爱因斯坦时时用自己做镜子来审视自己，终于映照出了生命的光辉。

别人不是我们的镜子。要善于发现自己的不足，学习别人的优点，如果看到一个优秀的人，就挖掘他的优秀品质，移植到自己身上。站在巨人的肩膀上，我们一定能有所成就。

（四）学会坚持

贝多芬，一个音乐天才，在他的笔下，一张张曲谱肆意地纷飞，美妙的音符如山间清泉般不断流淌，构成了一曲曲动人心弦的乐章，令我们心怀激荡，其实，在这些乐曲当中，也体现着他一个不屈的人那高贵、顽强的灵魂、渴望用音乐感染世界的贝多芬，一直在为自己的梦想而努力着，正当他踌躇满志，奋力拼搏之时，不幸的阴影悄然降临在他的身边，给他带来了一个沉重的打击，他的耳朵失聪了、这真是晴天霹雳！这意味着他今后无法继续谱曲创作无法实现自己的梦想了，但是他并不服输，并未向命运低头，依然骄傲地昂起他那不屈的头颅，依然执著地用手中的笔去续写音乐跃动的生命、一个个音符，无不灌输着他的心血，无不体现着他永不言弃的坚定信念，他相信，自己终究能够战胜命运的多坎、自己终能实现梦想、是的，他做到了，他用自己高贵的灵魂创作出激昂乐章正在不断地荡涤人们的心灵…他望着这些用汗水凝聚的曲谱，眼睛湿润了，是啊，这些音乐就是他的梦想，就是他的生命！当曲目终了，停留在人们耳边的不仅仅是音乐的回响，也是对贝多芬人生的赞歌！贝多芬战胜了人生中的逆境，，因为他用自己的坚持实现了自己的梦想！音乐，不需要华丽的装饰，不需要喧闹的陪伴，需要的只是那真实的激情豪迈和那不畏荆棘的信念、其实，逆境就是我们的人生交给我们的一张答卷，等待着我们去完成它、只有坚持不懈，敢于进取，才会结束这次考试，迈向辉煌的明天。

"天将降大任于是人也，必先苦其心志，劳其筋骨，饿其体肤，空乏其身，行拂乱其所为，所以动心忍性，曾益其所不能。"这是造就人才的客观条件。张海迪女士，胸部以下残疾的她不得不坐在轮椅上，但她以惊人的毅力，与困难作斗争，学会了几个国家的语言，背诵了中国很多辞章。这就是在逆境中生存下来的英雄，他们都让有限的生命焕发无限的光彩，让自己的生命得以延续。天才离不开挫折，因为挫折能造就天才。在挫折中学会坚强，在逆境中学会用不同方式生活，相信人生的意义并不是乏味的。有时我们很难改变生存的环境，但我们可以改变自己的态度。

相信大家都知道"滴水穿石"这个成语，小水珠往石头上坚持不懈地滴了很久，几十年后，人们发现岩石上竟有一个洞。这就是坚持的成果。由这个故事可知，我们要学会坚持。

爱迪生就是一个很好的例子。为发明电灯他反反复复的实验了几百次几千次乃至几万次，每个个细节他都认认真真，仔仔细细地钻研，研究；每一次的失败都不会动摇他那坚定不移的决心，反而给他增加继续的动力。也就是这坚定不移的决心与坚持不懈的精神使他从失败走向了成功，帮助他完成了一生最重要的发明之一。

坚持梦想，坚持自我。

兔子最终能死里逃生，就在于它们最终发现原来自己不是最胆小的动物。一念之差往往就决定了自己的生与死，这就要求人们善于发现自我，坚持自我。

人的本性中存在一种倾向，即我们把自己想象成什么样子，就真的会成为什么样子，这就是不善于发现自我、坚持自我的缘故。

懂得发现自我并坚持自我的人热爱生活且会享受生活，即使遭遇特别令人沮丧的事，也会把它视为生命中的精彩部分。虽然他并不否认消极因素的存在，但他的坚持让他学会了不让自己沉溺其中。积极心态者即使身陷困境也能以愉悦和创造性的态度走出困境，迎向光明。

在推销行业中，广泛流传着这样一则故事：

一个制鞋公司派两个欧洲人到非洲开拓皮鞋市场。由于非洲环境炎热，非洲人向来都是打赤脚。第一个推销员看到这种情况后，立刻失望起来："这些人都打赤脚，怎么会要我的鞋呢？"于是放弃努力，失败沮丧而回。另一个推销员看到非洲人都打赤脚，惊喜万分，在汇报中写道："这里的人都没有皮鞋穿，市场大得很。"他想方设法，引导非洲人购买皮鞋，最后发大财而回。

同样是非洲市场，同样面对打赤脚的非洲人，由于一念之差，一个人灰心失望，不战而败；而另一个人满怀信心，大获全胜。

这就充分说明了造就成功者与失败者的原因，能否坚持自我会导致人生惊人的不同。

这个世界上除了你自己没有任何人能改变你，也没有人能够打败你，打败你的只有你自己。心态悲观、消极、颓废、不能坚持自我的人，很难积极地去解决人生所面对的各种问题、矛盾和困难。相反，积极奋发、进取、乐观、敢于坚持自我的人，能正确处理人生遇到的各种困难、矛盾和问题。相信自己吧，要想成功，首先就要做到坚持自我，不被自己所打败。

（五） 自信的人易成功

　　两只青蛙同时掉进了盛有半桶奶油的桶里，其中一只青蛙想："完了完了，肯定跳不出去了，这回死定了！"于是它放弃了努力，沉入了桶底，不久就死了。另一只青蛙则认为，不努力肯定死路一条，努力了或许还有希望。于是，他拼命地游啊游啊，不久，奇迹发生了，青蛙的游动起到了搅拌的作用，奶油很快凝结变稠，青蛙顺利地跳了出来，得以逃生。

　　这个故事告诉我们这样一个道理：任何时候我们都不能丧失自信，虽然有了自信不一定能够成功，但丧失自信却注定会失败。

　　自信的人乐观，丧失自信的人悲观。乐观的人对生活多持积极的态度，是积极向上的情绪状态，乐观的人往往对生活充满热情，即使遇到挫折，也不悲观失望，怨天尤人，而是能够尊重环境，宽容别人。因此，乐观的人过得快乐、洒脱，同时也给身边的人带来轻松和欢乐。而悲观的人则相反。

　　一个人的认知态度往往决定了这个人是一个悲观的人还是一个乐观的人。乐观的人认为自己"能行"、"有能力"、"可以干"，认为人们肯定接受自己，悦纳自己，能够全面地看待自己，不会专挑自己的缺点而忽视优点。悲观的人往往对自己产生错误认知，意志消沉脆弱，认为自己"很笨"、"没有能力"、"总把事情搞砸"、"大家不喜欢我"。

法国作家大仲马说过："人生是一串无数小烦恼组成的念珠，乐观的人总是笑着数完这念珠的。"《塞翁失马》中边塞老人面对生活中的不幸，心境总是达观敞亮，不为一时一事的好坏得失、成败利钝所困，始终保持积极稳定的良好心态。这种善于调节心理平衡、维护心理健康的态度不是很值得我们借鉴吗？

我们经常会祝愿别人快乐、幸福、顺利、如意等等，其实，这仅仅不过是一种美好祝愿而已。因为每个人的一生都不可能是一帆风顺的，总会在人生的不同阶段遭遇一些坎坷和挫折。但是，面对这些坎坷和挫折是前进还是后退，是战胜还是退缩，往往取决于我们的人生态度。如果我们怀疑自己的能力，一直被自卑感所控制，那么，我们必然一事无成；反之，当我们拥有了自信，积极地采取了理智的行动，那么，许多问题都有可能迎刃而解，从而获得成功。

美籍华裔科学家钱致榕 1982 年访问南京大学时，谈到他中学时的一件事：那个时候社会风气很坏，很多学生不求上进，一位有经验的老师，从 300 名学生中抽出 60 名组成荣誉班（钱致榕就是其中的一个），老师告诉大家荣誉班的学生都是有发展前途的学生，因此大家都非常高兴，一改松散的毛病，对自己的学习充满了信心。学习上认真自觉，勤奋努力，成绩越来越好。结果奇迹出现了，这个班的大部分学生后来都成了有成就的人。钱致榕回国后见到那位老师才知道，当时荣誉班的学生是他临时抽签决定的，没有进行专门挑选。从这个故事可以看到，自信心对学习成功有多么重要啊。信心助你走上成功之路。居里夫人说："我们应该有恒心，尤其要有信心。"美国的马尔腾说："你的成就的大小，往往不会超出你的自信心的大小。拿破仑的军队决不会爬过阿尔卑斯山，假使拿破仑以为此事太难的话；同样，在你的一生中，决不能成就重大的事业，假使你对于自己的能力存在重大怀疑的话。"

在学习中，自信心非常重要。日本教育家田崎仁经过调查发现："有三分之一的学生是因为缺乏自信心才导致学习成绩不理想。"在我国的学校教育中，有许多学生畏惧学习，越学越没有信心，越学越觉得自己不是学习的料，总觉得自己笨，又怎能学好呢？有些同学甚至形成了自卑的心理，不仅学习受影响，连个人的身心活动和交往活动都受到影响，使原有的聪明才智也得不到发挥。

有人做了这样一个实验，实验对象为智力和知识水平大致相同的学生。将他们分为三组，让他们做难度相同的作业。在做作业之前，实验者对第一组只做一般性的说明，对第二组在一般说明之外，还告诉他们："我了解你们的能力，下面的作业对你们来说有一定的困难，但经过努力你们有能力完成。"对第三组在一般说明之后，对他们说："今天给你们的作业超出了你们现有的能力，你们中的大多数都不能解决，不过你们尽力而为吧。"实验结果表明，第一组完成作业的人数为60%，第二组为86%，第三组为34%。从实验结果不难看出，第二组和第三组有很大差别，之所以会这样，根本原因是指导语不同，致使学生对作业的信心不同，给第二组学生的指导语增强了他们完成作业的信心，而给第三组的指导语使学生丧失了信心。由此可见，自信心的强弱与学生能力的发挥呈正相关关系。

从前印度有个富裕的农民，他不满足已有的财产，为了寻找埋藏财宝的土地，他卖了所有的家产，出外旅行。许多年过去了，他并没有找到财宝，而自己却终于贫困而死。此后，别人从他卖出的土地里发现了世界上最珍贵的宝石。这个故事说明，许多人向它处所寻求的，正好是自己所具有的，只不过是没有被自己所认识罢了。人类的潜能也是如此，在你自己身上也有埋藏"宝石"的"土地"。人贵有自知之明。"自知者英，自知者雄"是说能正确认识自己的人是杰出的人。要想充分发挥自己的潜能，就要善于自我分析和自我解剖，并在此基础上不断完善自我。

要有"我能成功"的信念。无论做什么事，都要满怀信心。在"我会成功"的思想指导下，认真去做就会接近成功。不时提醒自己，你比想象中的要好。心理学家们根据大量的调查实验研究指出，超常儿童和弱智儿童大约各占2%左右，98%左右的儿童在智力发展上并没有多大区别，说明你的智力并不比别人差多少，你不要老想着自己不如别人，低估自己的智力，这是才智借口症的一种表现。所谓才智借口症就是以自己不够聪明为借口，为失败找理由，为退缩找借口。有人说："95%的人或多或少都有这种病，只是很少有人能公开承认。"

坐在前面。无论是集会、座谈，还是开大会、上大课，一些人总是先坐后排的座位。之所以这样，不外乎怕引起人们的注意，这是缺乏勇气和自信心的表现。记住，坐在前排会增强你的信心。

练习正眼看人。"眼睛是心灵的窗户"，不敢正眼看人，就表示"我怕"，"我没有信心"。要练习敢于正眼看人，表示自己的坦诚和信心，也容易赢得对方的信任。

加快走路的速度。心理学家认为，人的动作和姿势受心理活动的支配。你可以借着姿势的改变和走路速度的加快：来改变你自己。一个低头弓背，无精打采和走路缓慢的人，往往显得没有信心。抬头挺胸，将走路的速度加快些，你就会感到充满了自信。

搞好人际关系。交际能力是现代社会飞速发展的必然要求。社会化的大生产使我们绝大多数的工作都必须由许多人协作来完成，科学技术的发展规律也表明，由个人完成重大发明创造的时代，也已一去不复返了。众多的事例表明，交往是一个人适应现代生活的重要条件，也是锻炼培养自信最好的方法。因此遇到熟悉的人要主动打招呼、主动说话，这不仅表示礼貌，而且也表示信心，越是主动与人说话，信心越强，人际关系也越融洽；二是参加会议时主动发言，不做哑巴，不要怕这怕那，要争取讲话的机会，你发言的机会愈多，就愈有自信。

（六）温故而知新

子曰："温故而知新，可以为师矣。"通过温习旧知识进而从中获得新的领悟。从更广阔的层次去理解为：通过回味历史，进而预知未来。这才是一个好老师应该具有的能力。这也是为师之道的神圣作用所在，人类日益丰富的文化历史就是在这种为师之道的神圣作用下走到了今天，并且也要走向更加光辉灿烂的未来。在这里我把"温故"理解为回味历史，将"知新"理解为预知未来，具有了这种"温故"和"知新"的能力，也就无愧为人生之师了。

对于每个人来说，"温故"也可以理解为回顾过去的经验，而"知新"可以理解为规划未来。如果人生能够通过回味以往的经验，进而更好地规划未来，也就是前事不忘，后事之师，这样的人自己就是自己的老师，他们可以不断地从生活中学到人生所需的知识，他们也可以触类旁通，让万物皆为自己的老师，所以他们能够处处学到新的东西，时时学到新的东西，他们的人生就是一条不断地清新流淌的畅快小溪。

"温故"和"知新"是每个人生来都具有的能力，"知新"是人在面对新的时空时，对自己已有经验的因循或创造的运用。一个人面对现实要"知新"，就必然要运用已有经验，也就是必然要"温故"；而任何温故都是在新情境下的温故。时空的变化是必然的，所以也就必然地蕴含着知新。从这个意义上讲，"温故知新"是对人类认识的一种真理性概括。但是，知新温何故，温故知何新，对于不同的人来说是极不一样的。这就涉及到个体条件的差异。温故而能知新的程度依赖于个体的条件而有不同。因为人既有天赋资质的差异，又有着后天不同的经历和学习，而且还有着不同的价值取向，所以对知新就有着不同的境界。

（七） 随时调整心态

人生起起落落，浮浮沉沉！再完美的东西，也会有残缺，也会有瑕疵！如果真的累了，那么就请将心靠岸！想哭的时候，尽情挥洒自己的泪水，因为眼泪是一种情绪的发泄，没有人会耻笑你的软弱，因为无论男人，还是女人，总会有脆弱的时候，没有谁是永远坚强的！也没有永远的胜利者，也没有可以一成不变的事情！想笑的时候，你就大声笑，让整个世界都听到你的快乐！因为人生的苦难太多太多，从哇哇落地开始啼哭，注定了要经历坎坷，不经历风雨，怎么见彩虹？能笑到最后，才是胜利者！追求尘世间虚无缥缈的爱情，追求尘世间的荣华富贵，追求官宦势力，追求人生一世的辉煌，追求一种完美！可是，我们收获了什么？得到了什么？又失去了什么？

"其实人活的就是一种心态。心态调整好了，蹬着三轮车也可以哼小调；心态调整不好，开着宝马车一样发牢骚。"这是手机上的一条短信，称得上人生经典，它生动形象地说明了人的心态的重要。平时出门我喜欢骑自行车，朋友们说骑自行车多丢人啊？人家现在大多有私家车，没有车的出门也是打的。我开玩笑地说骑自行车怎么了？即环保又节约，还能健身，遇上塞车还没有我的自行车快呢，也不用为没有停车的地方而烦恼。这么好的事情一举几得何乐而不为呢？不要老和人家开汽车的去比阔，不要和人家大老板比钱，不要和领导干部比权。要比要看就往下看，往下比，哈哈这样的心态就平和了。

心态就是人们对待事物的一种态度。每个人的一生都有许多欲望，都希望自己钱挣得多一点，事业通畅一点，官做得大一点，生活过得幸福一点？？问题在于人不可能事事顺心，当这种欲望不能得到满足时，我们用什么样的心态去面对？心态好的人不以物喜，不以己悲，达观大度，超然脱俗，坦然面对，知足常乐。顺境逆境是人生的常态，在逆境中要学会坦然处之，欲望是无穷的阶梯，我们都应该更珍惜现在所拥有的。因此，生活过得轻松惬意，快乐幸福。正如赵朴初所说的那样，"遇事不钻牛角尖，人也舒坦，心也舒坦。"

而心态不好的人，一旦欲望不能得到满足或遇到不顺心的事，就愤世嫉俗，心烦气躁，牢骚满腹，怨气冲天。这些人老是为权所累，为名所累，为利所累，为一切不顺心的事所累，成天生活在沮丧懊恼、苦闷抱怨之中。这不仅不利于正常的工作和生活，而且会影响身心健康，甚至会毁了自己的一生。如有的人一味追求物质享受，尽管锦衣玉食、别墅轿车，但还不满足。经不住灯红酒绿、物欲横流的诱惑，贪污受贿，结果东窗事发，锒铛入狱，甚至丢了卿卿性命。有的看到别人进步了，自己未得到提拔重用，总认为自己有经天纬地、安邦治国之才，怪组织用人不公，怨领导不能"慧眼识英才"，因而闹情绪，消极沉沦，自暴自弃，结果误了自己的大好前程。到了退休年龄，从领导岗位上退下来，这本来就是一种很正常的新老交替，但有的人就是想不开，觉得划不来，自己跟自己过不去，自寻烦恼，郁郁寡欢，以至积劳成疾。还有很多这样的例子，都因心态不好，不能正确地面对现实，以致酿成终身之错。

有位哲人说得好，"既然现实无法改变，那么只有改变自己。"改变自己就是调整好自己的心态。如何调整好自己的心态？笔者认为有三点至关重要。一是欲望不要太高。欲望无止境，欲望越高，一旦不能得到满足，形成的反差就越大，心态就越容易失衡；二是攀比思想不能太重。如果盲目攀比，就会"人比人，气死人。"如果跟下岗工人比待遇，跟贫困山区的比收入，跟先进人物比贡献，心态就能平衡，怨气就自然消了。三是要学会忘记。什么事要提得起，放得下，想得开，看得穿。不要对过去的事耿耿于怀，过去了的事就让它过去，这样才会少去许多烦恼，心情才能舒畅。中国科学院院士裘法祖有一句座右铭，"做人要知足，做事要知不足，做学问要不知足。"这既是他的一种超然的人生境界，也是检验我们心态好不好的一面镜子，不妨经常照一照，看看自己的心态是否调整好了？

心态是由压力所产生的物质；也是一种心理上的表现；其实压力的大小和心态的好坏都是自己决定的。如果你的心态不是很好的话，是需要好好的调节一下。第一就是要正确的认识现在自己的位置，可能你以前成功过，现在失败了，可能你以前在公司是举足轻重的人物，现在没有以前的分量了，这样的列子有很多很多，人生不可能是一帆风顺的，不如意的事情总是十之八九，在遇到让自己难过的事情，你可能这样想，现在只是暂时的，我只要努力就可以成功的，你要相信自己的能力。也可以和身边的朋友倾诉一下，这样应该会有些效果的。现在有很多人都不能正确的认识"朋友"。心态很重要，在遇到不开心和不如意的时候深深的吸一口气，然后再吐出，让自己放松一下，最后给你一句忠告：得意时淡然，失落时释怀。心态表示一个人的精神状态，只要有良好的心态，你才能每天保持饱满的心情。心态好，运气就好。"精神打起来，好运自然来"。记住做任何事情一定要有积极的心态，一旦失去他，就跳出去，要学会调整心态，有良好的心态工作就会有方向，人只要不失去方向就不会失去自己。心态的好坏，在于平常的及时调整和修炼并形成习惯。一旦发现自己心态有所变化或者说有所低落时，不妨告诉自己，好起来，会好起来的，一切都会好起来的。人要活在世上，凡事都要看开点，看远点，看淡点，心胸要豁达些、大度些，相信"任何事情的发生必有利于我"且"办法总比困难多"，也就没有流不出的水和搬不动的山，更没有钻不出的窟窿及结不成的缘。人要活的快乐，就必须要有一个好心态。无论遇到什么事，要学会换个角度去思考，就会感到快乐。有人工作单位很好，他每天确有许多的不如意，苦恼总围绕在他的身边。有人工作单位一般，可他却不舍不弃，每天都有工作目标，把此作为一种锻炼、成长的机会，而且通过创造性地完成本职工作，受到人们的敬佩。阳光般的心态，火一样的热情。收获着成果和幸福。

我们必须要学会欣赏生命中的每个瞬间，要热爱生活，热爱生命，相信未来一定会更美好。别怕吃亏，"吃亏"是福啊。生活中要既能接受自己，又能接受别人、还要善于接受现实。有人曾经这样说：当我们不能改变环境时就必须去适应环境。不能改变别人时就改变自己，不能改变事情就改变对事情的态度。不能向上比较就向下比较。这就告诉我们，人不能去等，要学会适应。要随着时间、地点、环境的变化不断地去调整自己的心态。别说人们不接受你，别说环境不适合你，别说事情太难做，只是你的心态没调整好。另外我们还要学会忘记、谅解、宽容。别让你的不原谅给了别人持续伤害你的机会。更要学会感恩、欣赏和给予，这样你就会觉得你所作的一切都会是一种对他人的回报。常常是这种心态，你就会天天快乐，幸福无比。

那么我们应该怎么减轻这样的负面情绪呢？第一：学会让自己安静，把思维沉浸下来，慢慢降低对事物的欲望。把自我经常归零，每天都是新的起点，没有年龄的限制，只要你对事物的欲望适当的降低，会赢得更多的求胜机会。第二：学会关爱自己，只有多关爱自己，才能有更多的能量去关爱他人，如果你有足够的能力，就要尽量帮助你能帮助的人，那样你得到的就是几份快乐，多帮助他人，善待自己，也是一种减压的方式。第三：遇到心情烦躁的情况的时候，你喝一杯白水，放一曲舒缓的轻音乐，闭眼，回味身边的人与事，对新的未来可以慢慢的梳理，即是一种休息，也是一种冷静的前进思考。第四：多和自己竞争，没有必要嫉妒别人，也没必要羡慕别人。很多人都是由于羡慕别人，而始终把自己当成旁观者，越是这样，越是会把自己掉进一个深渊。你要相信，只要你去做，你也可以的。为自己的每一次进步而开心。第五：广泛阅读，阅读实际就是一个吸收养料的过程，现代人面临激烈的竞争，复杂的人际关系，为了让自己不至于在某些场合尴尬，可以进行广泛的阅读，让自己的头脑充实也是一种减压的方式，人有时候是这样的，肚子里空空的时候会自然的焦急，这就对了，正是你的求知欲在呼喊你，要活着就需要这样的养分。第六：不论在任何条件下，自己不能看不起自己，哪怕全世界都不相信你，看不起你，你一定要相信你自己，因为我相信一句话，如果你喜欢上了你自己，那么就会有更多的人喜欢你，如果你想自己是什么样的人，只要你想，努力去实现，就会的！第七：学会调整情绪，尽量往好处想，很多人遇到一些事情的时候，就急得象热锅上的蚂蚁，本来可以很好解决的问题，正是因为情绪的把握不好，让简单的事情复杂化，让复杂的事情更难。其实只要把握好事情的关键，把每个细节处理的得妥帖就会游刃有余。遇到棘手的事情，冷静点，然后想如何才能把它做好，你越往好处想，心就越开，越往坏处想，心就越窄！第八：珍惜身边的人，用语方面尽量不伤害，哪怕遇到你不喜欢的人，你尽量迂回，找理由离开也不要肆意伤害，这样不仅让自己心情太坏，也让场面更尴尬。珍惜现在身边的一切。第九：热爱生命，每天吸收新的养料，每天要有不同的思维。多学会换位思考，尽量找新的事物满足对世界的新奇感，神秘感。第十：只有用真心，用爱，用人格去面对你的生活，你的人生才会更精彩。

第三章 学会整理、归纳、应用

（一）把握全局注意细节

从整体出发，才能把握好全局。一篇文章之所以能够成立，能够称作文章，是因为构成文章的各个部分相对于文章这个整体而言，起码具有目标的明确性、组合的有序性和系列的完整性等几种要素。在几种因素的作用下，文章形成了一个科学的系统，环环相扣，互为贯通，臻于完美。任何一件事也同做文章，读文章一样，要从整体来把握。

大家都知道"只见树木，不见森林"这样一个成语。这个成语的意思是说有的人看问题时只把眼光盯住一件事物，而不能高瞻远瞩，从整体和全局上去观察、分析个别事物与其它事物之间的联系。有时遇到问题，也容易犯这样的错误，结果一道本来并不难的题也感到缺少条件，束手无策。所以，我们要从整体上观察思考，全面地审视问题。

遇到一个问题的时候，容易掉入问题的陷阱之中而产生错误的判断于行动，古人有杞人忧天者就是因为按照自己的认识想当然的去看待一个问题而使自己陷入了困境，究其根底他是脱离了客观的显示，片面地去看待问题，所以有了错误的判断，同时为自己带来的损失。

　　一个优秀的人，高明的眼光是必不可少的，高明的眼光就来自于能够全面的看待事物，要让自己成为一个优秀的人，就必须全面的去看待问题，纵观事物的全局，从大的方向着眼，一个问题出来了，就要解决它，但是不能被问题本身所限制了，要发挥我们的思维能力，从外面看到事物的整个形态以及它所处的环境，再结合我们对于事物内部的认识和了解，就很容易得出关于事物的一个比较全面的认识，结合个人的经验，加上理性，要解决问题就不难了。

　　人之所以无法全面地看待问题，主要是在我们自身，众所周知，一个生物能够适应的环境越多，那么对于它的局限就越少，而其生命力也较强；反之，适应力越差，则局限就越多，其生命力也就越弱。这一点从古往今来的动物进化中我们可以看得地非常清楚。对人而言也是如此，严格地说，我们每个人都有自己的局限性，都会或多或少的存在错误，我们要做的，就是不断的完善自己，加强自己的适应能力，能够适应的环境越多，局限就越少，而减少我们的错误，则会使我们更加的完善。要全面看待问题，完善的思维是必不可少的，同时拓宽我们的视野，丰富我们的经历，增强我们的体魄，都能够在一定程度上使我们更加全面。

　　人最大的财富就是理性，理性首要的就是冷静，能够全面看待事物的人都是冷静而沉着的，冷静需要的就是全面看待问题，此二者是相辅相成的，没有了冷静，如何全面看待事物？不能全面的看待事物，要冷静亦不易。

要全面地看问题，说说容易，做起来，是很难的。

古时候有一个故事：一个铁匠打了一枚钉子，可钉子的火候不够，但是为了完成军队的任务他也没有在意地就交给了军队，军队后来把这枚钉子钉在了马鞍上面，最后这匹马在送军情的时候马鞍坏了，情报没有送到战争失败了。这个故事一点也不夸张，事情就是这样：一枚不合格的钉子坏了一场战争。

细节也是一个很需要注意的事情，我们在做无论什么事时，常常会忽略细节，总以为这是小问题。其实这才是很容易出现问题的问题。注重细节，从小事做起。看不到细节，或者不把细节当回事的人，对工作缺乏认真的态度，对事情只能是敷衍了事。而注重细节的人，不仅认真地对待工作，将小事做细，并且能在做细的过程中找到机会，从而使自己走上成功之路。

很多人都应该知道木桶效应吧，盛水的木桶是由许多块木板箍成的，盛水量也是由这些木板共同决定的。若其中一块木板很短，则此木桶的盛水量就被短板所限制。这块短板就成了这个木桶盛水量的"限制因素"（或称"短板效应"）。若要使此木桶盛水量增加，只有换掉短板或将短板加长才成。人们把这一规律总结为"木桶原理"，或"木桶定律"，又称"短板理论"。

在这个原理中，我们可以知道，比最低的木板高出的部分是没有意义的，高出越多，浪费越大，要想提高木桶的容量，就应该设法加高最短的那块木板的高度。这就是细节和整体的关系，有时候，一个小小的细节的失误将导致整体的不能运转。任何一个组织或许都有一个共同的特点，即构成组织的各个部分往往是优劣不齐的，但劣势部分却往往决定着整个组织的水平。问题是"最短的部分"是组织中一个有用的部分，你不能把它当成烂苹果扔掉，否则你会一点水也装不了！

细节决定成败，精益求精争创一流业绩。有哲学家说过：细节差之毫厘，结果谬之千里，真理和谬论往往只有一步之遥。相信大家都有过这样的体验：一个错误的数据可以导致病人死亡，一个标点符号的错误，可以使几个通宵的心血白费，一篇材料的失误，可以使若干年的努力泡汤，而人生紧要关头一步踏错，可以使一生的命运彻底改变。这就是细节的重要，这就是精细的力量。我们战斗在一线的员工，更要加强细节观念。将细节决定成败的理念引入实际工作中。从细节入手，在细节中挖掘潜力，以认真的态度做好工作中的每一件小事，只有这样，才能在每一个平凡的岗位上发挥最大的作用，只有这样，才能为我们社会创造出更大的经济效益。

当你不厌其烦地拾起细碎的石块日积月累构筑起来了的却是高耸的城堡，只有站在城堡俯瞰脚下的壮美景色时，你才会体味到这些小事的重要。正所谓，细微之处见精神，人人都应从小事做起。小事不能小看，细节方显魅力。以认真的态度做好工作岗位上的每一件小事，只有小事做好了，才能在平凡的岗位上创造出最大价值。"以管窥豹，可见一斑"。我们往往可以从生活中的一些微不足道的小事洞察秋毫，从而感悟到一个人的内在精神。

要知道工作中没有小事。点石成金，滴水成河，只有认真对待自己所做的一切事情，才能克服万难，取得成功。

要认真对待每一次的训练。那些在平时训练和准备过程中，认真对待的人则相反，由于一直接受了高强度的模拟训练，他们更容易在关键的比赛中表现出镇定的心态，因为在他们心目中，这无异于平时的一场简单的比赛和训练。

要学会悄悄地为他人做点好事。试着去真心真意地帮助别人，当这一切完全发自你的意愿时，你将会感觉到这是件多么快乐的事，你的心灵就会得到回报——一种和平、安静、温暖的感觉。

敬业精神＋脚踏实地＝成功。这是我另外一个新的公式。之前我的那个公式，我深信不疑的是，朋友们一定还没忘记。那就是：坚持＋积累＝希望。其实说句真心话，敬业，不仅仅是事业成功的保障，更是实现人生价值的手段，有的人在生活中，总是不满意目前的职业，希望改变自己的处境。但世界上绝对没有不劳而获的事情，人们的成功，无一不是按部就班、脚踏实地一步一步努力的结果。

我们必须相信自己，正视开端。任何大的成功，都是从小事一点一滴累积而来的。没有做不到的事，只有不肯做的人。想想你曾经历过的失败，当时的你，真的用尽全力，试过各种办法了吗？困难不会是成功的障碍，只有你自己，才可能是一个最大的绊脚石。

（二）串联知识发散思维

利用学过的知识去解决问题，这样才不愧对于在学习上花费的时间和精力。任何知识都源于生活，在生活中就能用到。

　　例如，化学知识源自于生活，但又不完全等同于生活，化学教学过程中一方面要让学生结合自身的生活经验和已有的认知水平，围绕问题的解决，逐步把生活知识化学化，让学生在生活的实际情境中体验化学问题；另一方面，又要让学生能把所学到的化学知识自觉地运用到各种具体的生活实际问题中，实现化学知识生活化，从而提高学生化学素养。如"非典"之后，消毒剂成为人们普遍关心的话题，学生学了常用消毒剂的知识之后，可以动手写一份科学使用家用消毒剂的宣传单，分发给邻居和亲朋好友，学生不仅获得对化学知识的理解和拓展；最重要的是他们体验到了一种成功感，感受到化学就在我们身边，课堂上的知识能走进千家万户，达到学以致用的目的。

　　如在某同学的家里曾发生过这样一件事，他的妈妈在清理卫生时将洁厕剂和84消毒液同时倒入马桶内，以为既清洁又消毒，没想到却发出刺鼻的气味。这位同学将这一情况带到学校，同学们七嘴巴舌找出原因，再把结论带回家，家长增长了科学知识，学生培养了分析问题和解决实际问题的能力，学生更真切的体会到化学在提高全体公民科学素养中所起的作用。在日常生活中，引导学生主动探索了解社会中的化学知识，缩短与社会发展的距离，贴近生产和生活实际，当终身教育、终身学习成为生活的一部分时，学生学习的范围不断扩大至社会生活的各个层面，学习成了学生适应社会发展的必要手段，因此，学习不能只停留在掌握某些知识，而应着力于培养能力，为终身发展打下基础。通过化学学习，学生走进服装商场知道怎样鉴别"真丝"与"人造丝"，不同衣料的优缺点、洗涤和熨烫注意问题；走进珠宝店能鉴别真假金银、常见宝石的主要成分及如何保养；居家装修懂得如何选购绿色材料，居家饮食知道如何平衡膳食、食品中的防腐剂和添加剂的利与弊等。

费正清在小学的时候就表现出一种不同于一般小孩的创新精神，他在做作业的时候并不仅仅把求得准确结果作为自己的目标，而是尽量多地寻求解题方式，所以有时候很少的作业他却要做一整天。但正是因为这种创造性的充满活力的学习方式，有时候很多很难做的作业，他能在很短的时间内高质量地完成。

数学老师发现费正清解题思路灵活，不拘泥于课本上的法则，总是试图寻找最简捷的解题方法。一次，数学老师在黑板上写了一道没学过的题目，大家都埋头苦想。费正清看了一会儿就露出了开心的笑容，数学老师让他来解，果然，他一会儿就做出来了。数学老师于是直接推荐费正清去参加初中组的"校际代数联盟"。

在竞赛中，他总是第一个在纸上写出答案，然后悠闲地等着老师出下一道题，当评委来收验算纸的时候，发现他的纸上的验算步骤是最少的。结果，在竞赛中他以满分取得第一名。

但是竞赛结束以后，费正清并没有马上离开，而是在纸上重新验算起来，同学和老师都不理解。其中一位老师走到他跟前一看，原来他在验算刚才已经答对的所有题目，老师感到十分好奇，不禁问他："你已经做对了，为什么又做一遍呢？"费正清头也不抬地说："我在看那些题目怎样设计才会更好一些。"

这种创造性学习的训练对他以后的学习很有帮助，让他始终保持充满活力的学习能力，这也对他后来的外语学习十分有帮助，并最终使他成为著名的汉学家和历史学家。

爱默生 11 岁的时候，就开始跟着父亲学习几何学，他幼小的脑子里总有问不完的问题，甚至总是怀疑公理的正确性，从不轻易相信人们所认为的公理，总是积极地去思考其正确性。

有一次，父亲又教给了他一个公理，看到他心不在焉的样子，就问："爱默生，你不是早就想知道这个公理吗？现在怎么不好好听我的讲解呢？"爱默生头也不抬一下，眼睛仍是盯着地上的某个地方，慢慢地说："是的，我是对这个公理十分感兴趣，早就想学习它了，可是刚才听你讲的和我以前想的完全不一样，我很失望，我觉得不应该是这个样子。"并且将自己的想法告诉了父亲。父亲忍不住笑了，说："不要胡思乱想了，你记住它就行了。"爱默生不以为然地看了父亲一眼说："不行！我并没有明白，怎么可以死记？再说，我以前做过实验的，这个公理有不正确的地方。"父亲不禁苦笑了："你怎么什么都要做实验？公理就是公认的道理，是不需要被证明的。如果可以解释，怎么还会被叫做公理呢？"爱默生却说："难道公理因为是大家公认的就一定可靠吗？前人说过的就一定正确吗？我不这么认为。"父亲拿固执的儿子没有任何办法，也说服不了儿子，只好顺着他说："好，你说你做过实验，那就证明给我看看。"

爱默生一听，顿时来了劲头，他一跃而起，飞快地跑回自己的房间。过了一会儿，拖出一个重重的箱子，里面全是他自己制作的各种各样的实验工具。爱默生从工具箱里拿出自制的梯形木板和圆桶，掏出本子和铅笔，一笔一画地计算起来。爱默生并没有成功地推翻书本上的公理，毕竟他只是一个十几岁的孩子，但是爱默生的这种大胆怀疑精神和不轻易相信书本，敢于大胆求证的学习态度，对他以后的成功有巨大的影响。凭借这种精神和学习态度，他最终顺利地进入了哈佛大学学习，并成了著名的作家。

（三）运用想象发散思维

发散思维又称求异思维、辐射思维，是指从一个目标出发，沿着各种不同的途径去思考，探求多种答案的思维，与聚合思维相对。不少心理学家认为，发散思维是创造性思维的最主要的特点，是测定创造力的主要标志之一。

美国心理学家吉尔福特指出："人的创造力主要依靠发散思维，它是创造思维的主要部分。"同时认为，发散思维具有：流畅性、灵活性、独创性三个主要特点。

流畅性是指智力活动灵敏迅速，畅通少阻，能在较短时间内发表较多观念，是发散思维的量的指标；灵活性是指思维具有多方指向，触类旁通，随机应变，不受功能固着、定势的约束，因而能产生超常的构思，提出不同凡响的新观念；独创性是指思维具有超乎寻常的新异的成分，因此它更多表证发散思维的本质。可以通过从不同方面思考同一问题，如"一题多解"、"一事多写"、"一物多用"等方式，培养发散思维能力。

发散思维之所以能够具有很大的创造性，就是因为它可以使人在遇到问题时使思维迅速而灵活地朝着多个角度、多个层次发散开来，从给定的信息中获得多个新颖性的答案。但是，发散思维的创造性又离不开辐合思维，只有通过思维的辐合才能从对各种答案的分析、比较中选择出其中一种最佳的答案。所以，培养学生的创造性思维，这两种思维都应该重视。只是由于学生受传统思维方式的影响和束缚，在遇到问题时往往思路狭窄，拓展不开，成为影响创造性思维的首要障碍，因而在实际训练中对发散思维的训练又应该给以特别的注意。

培养自己的发散思维，一定要在吃透问题，把握问题实质的前提下，关键是要能够打破思维的定势，改变单一的思维方式，运用联想、想象、猜想、推想等尽量地拓展思路，从问题的各个角度、各个方面、各个层次进行或顺向、或逆向、或纵向、或横向的灵活而敏捷的思考，从而获得众多的方案或假设。例如作文，从审题、立意到选材、结构、从一个词的选用到一个句的修饰，几乎无不需要发散思维。思维发散得好，可供选择的东西就多，所选取的结果就新颖而富有创造性，所写的文章也就会在各个方面给人以新意。

兴趣是人们力求认识、探究某种事物或从事某种活动的心理倾向。浓厚的学习兴趣是培养发散性思维的重要条件。兴趣为学生的学习活动提供了强有力的推动力。它可以充分发挥智力的作用，使其感知力敏锐、思维活动、想象丰富，从而提高学习效率。

解放思想，转变观念，破除迷信，不能迷信书本、迷信权威、做到实事求是。要善于观察各种各样的现象，从不同角度、不同侧面进行仔细观察。发散性思维具体表现为求同思维、求异思维、逆向思维、辩证思维，因此学好哲学也非常重要。

如果说，宇宙万物什么是最神奇、最伟大的，那就是人的大脑。善于用脑思考，不断地探索新的知识，你的学习过程也将充满无穷的乐趣。

美国著名学者彭威廉说："真正的知识更多地来自思考，而不是书本，在学习的过程中应该用'脑'学习，而不是用'眼睛'学习。"用眼睛学习的知识在脑中依然是知识，知识是会过时的、会被遗忘的。而用脑学习则通过思索将其化成了方法、智慧，并培养了自己的主见与独立思考能力，成了人生命中的一部分，这是一个人真正的能力。

爱因斯坦小时候就是一个善于用脑思考的孩子。当别人向他提出问题时，他总是先在头脑中把答案想成熟了，然后小声预读一遍，等到自认为没有错误时才大声说出来。他这种回答问题的方式让听话人感到非常着急，恨不得从他嘴里把话抠出来，然而，这正是他与其他孩子的不同之处。

爱因斯坦家的房子周围有一个花园，他经常一个人长时间地蹲在花园角落的灌木丛里，用手抚摩着小叶片或者凝视着匆匆爬行的蚂蚁。他很小就喜欢冥想，想了解大自然的奥秘。一次，在依萨尔河岸野餐时，一位亲戚说小爱因斯坦很严肃，当其他的孩子都在玩耍、逗乐时，他却独自坐着看湖的对岸。母亲玻琳深情地为自己的孩子辩护："他是沉静的，因为他在用大脑思考。等着吧，总有一天他会成为一个教授！"那位亲戚感到可笑，但也理解爱因斯坦母亲的心情。

爱因斯坦这种不拘常规、创造性独立思考的习惯在学习过程中更是显露无遗，他从来不愿按老师讲授的那些标准方法去解决问题，往往要经过很长时间的思考才能得出答案。甚至他不愿意未经思考就去接受老师教的每一个字，这在一般人看来简直是不可理喻。难怪爱因斯坦的父亲到学校与校长讨论儿子的前途时，校长很遗憾地告诉他："你的孩子无论在哪一方面都不会成功，因此也无前途可言。"

然而，正是这个被校长看做无前途可言，无论做什么事都不会成功的孩子，却成了最伟大的科学家。他的成功，正是因为其善于用脑思考，敢于创造性地学习。

善于用脑思考既是一种能力、品质，又是一种习惯。要具备这种能力，首先要养成良好的思维习惯，进行创造性的学习。而对知识保持旺盛的求知欲又是养成良好的思维习惯，进行创造性学习的前提，没有强烈的求知欲，你自然就不会去开动自己的大脑。同样是一本书、一节课，如果你对它感到厌烦或无所谓，你便会觉得自己的大脑是麻木的、烦躁的，这时就谈不上热情，更谈不上用大脑思考，创造性地学习了。反之，如果你能充分地激起自己的求知欲，觉得罩面充满有趣的知识，觉得当你掌握了它们，会高兴、自豪，那你的大脑就会始终处于兴奋而活跃的状态，而不是人们常说的木头疙瘩了。

善于用脑思考的人，他的学习绝不会毫无目标、枯燥乏味，因为思考是为了以后更好地学习，为了在下一步学习时，能取得更大的进步。丰富的想象力是学习的强大动力，它能把光明的未来展示在人们的面前，鼓舞人们以巨大的精力去从事创造性的学习。只有拥有丰富的想象力，我们的学习才会具有创造性，在学习的过程中，我们便会发现学习也是一种乐趣。

法国著名作家儒勒·凡尔纳所表现出的惊人想象力，是为许多人都熟知的。他在无线电还未发明之前，就已经想到了电视，在莱特兄弟制造出飞机之前的半个世纪已想到了直升机和飞机，什么坦克、导弹、潜水艇、霓虹灯等，他都预先想象到了。他在《月亮旅行记》中甚至讲到了几个炮兵坐在炮弹上，让大炮把他们发射到月亮上。据说齐尔斯基——宇宙航行的开拓者之一，正是受了凡尔纳著作的启发，推动着他去从事星际航行理论研究的。

凡尔纳曾发表《从地球到月球》、《环绕月球》等科幻小说，提出了飞向月球的大胆设想。他想象在地球上挖一个几百米深的发射井，在井中铸造一个大炮筒，把精心设计的"炮弹车厢"发射到月球上去。他甚至选择好了离开地球的最近时刻，计算了克服地心引力所需要的最低速度，以及怎样解决密封的"炮弹车厢"的氧气供给问题，这些对后来的宇航研究很有启发。

俄国科学家齐奥科夫斯基青年时代就被人们称为"大胆的幻想家"，他把未来的宇宙航行想象成15步。值得惊叹的是，在齐奥科夫斯基做出这一大胆的想象的时候，莱特兄弟的飞机还尚未问世。当时除了冲天鞭炮以外，世界上没有什么火箭，更加令人吃惊的是，许多想象通过近几十年的航空、航天技术的发展，已经成为活生生的现实。也就是说，随着火箭、喷气式飞机、人造卫星、阿波罗登月计划、航天轨道站以及航天飞机的相继成功，齐奥科夫斯基宇宙航行的前几步都已基本实现。

头脑中的形象越丰富，想象就越开阔、深刻，我们的想象力就越强。因此，平时要不断接触各种事物，使这些事物在你头脑中留下深刻的印象，这些印象就是你进行丰富想象的素材。

　　未来的世界会越来越重视想象力，想象力可以说是人类最大的资产，拥有自由奔放的想象力，才能进行创造性学习。要培养丰富的想象力，必须在学习的过程中有所创新，而不是死啃教材。在上课时集中精力听老师讲课，对于培养想象力也有很大的帮助。

　　有人曾用一个形象的比喻来说明想象力在创造性的、充满活力的学习中的作用。创造性学习犹如矫健的雄鹰，客观知识是这只雄鹰的躯体，想象力则是它的翅膀。雄鹰因为有了翅膀，才能漫游于天际，振翅于高空。在学习的过程中，不要躲在自己的小世界里，要勇敢地走出去，外面的世界更精彩。放假时，尽量到野外去亲近大自然，深刻体验大自然的奇妙。不仅如此，我们还要积极参加社会活动。如果只注重书本知识，成天把自己关在屋子里，使书本知识和实践严重脱节，就会变成"无源之水、无本之木"，也不利于想象力的发展。

　　"一把钥匙开一把锁"是传统的思维，思路开阔、具有创造性的人，在没有钥匙的情况下，也会千方百计地把锁打开。

　　有一个富翁老了，他一直在苦苦思索，到底让哪个儿子继承遗产？

　　想起自己白手起家的青年时代，他忽然灵机一动，找到了考验他们的好办法。

　　他锁上宅门，把两个儿子带到一百里外的一座城市里，然后给他们出了个难题，谁答得好，就让谁继承遗产。

　　他交给他们一人一串钥匙、一匹快马，看他们谁先回到家，并把宅门打开，那么这个人就可以继承富翁的遗产。

两匹马都跑得飞快，所以兄弟两个几乎是同时回到家的。

但是面对紧锁的大门，两个人都犯愁了。

哥哥左试右试，怎么也不能从一大串钥匙中找到合适的，弟弟也很着急，但苦于没有钥匙。因为他刚刚只顾得赶路，钥匙早不知掉在哪里了。

两个人急得满头大汗。

突然，弟弟一拍脑门，有了办法，它找到一块大石头，把门砸破，顺利进去了。自然，继承权落在了弟弟手里。

习惯几乎可以绑住一切，只是不能绑住太多的偶然。当出现偶然情况的时候，经验习惯对人的思维活动就会产生"刻板效应"。也使人的思维依赖于过去经验的准备倾向，产生一种惰性。当这种心理准备与解决问题不适应时，思维便陷于困境。因此，我们不要被过去的经验和事物的某个局部所限制，否则，思维定势就会在不知不觉中欺骗你的大脑，蒙蔽你的视线。

（四） 加深记忆

"记忆是智慧之母"——古希腊大悲剧诗人阿斯基洛斯的这句名言一直流传至今。记忆是一种人们能实实在在感受到的生理和心理现象，它究竟是什么呢？

记忆是过去的经验在大脑中的反映，亦可视作是经验的保持，有时在保持中还经历了一个积极的创造性的心理过程，包括识记—保持—认知（再认）或回忆这三个依序发展又密不可分的环节，是"整个心理活动的基本条件"。

其中识记和保持属于"记"的方面，再认或认知属于"忆"的方面。识记是识别和记住事物的特征与联系，是大脑皮层形成的相应的暂时神经联系；保持是暂时联系的痕迹在脑中保留，表现为巩固已获得知识经验的过程；再认或回忆是在不同条件下暂时联系的再活跃。

从生物学角度讲，记忆是整个中枢神经系统的一种特殊机能，其本质是一种生物化学过程，即脑生理活动的过程，因此也可以把记忆看成人脑接纳、贮存、提取事物讯息的心理和生理协同合作的综合过程。感觉器官是人们获得记忆的首要物质基础。先天的盲人没有对自然万物视觉形象与颜色的印象，不会产生对它们的记忆；先天的聋人也没有对音乐、言语、声音的记忆。

记忆与记忆力虽密不可分，但不能直接划等号。记忆是一种智力活动，表现为一种经过或过程，是一种动态的呈现。而记忆力是人们在记忆活动中表现出来的一种特殊的能力，即人们记住事物的形象或事情的经过的能力，实际上包括了对各种信息材料的识别、分析、加工、抽象、比较、概括、储存、再现等各种综合能力。记忆力是智力的重要组成部分，它在记忆活动中的作用和地位是不可取代的。当然，在其他如观察、想象、思维、创造等各种智力活动中，记忆力也发挥了重要的作用。

长时记忆保持时间大于一两分钟，能保持较长时间，有的可终生不忘。大脑对此类信息进行了储存前的主动、积极加工，形成的痕迹大都是结构的、深刻的、牢固的，保持时间较长，遗忘后大都能回想起来。同一内容经过反复记忆，可以延长记忆时

间，把短时记忆转化为长时记忆。动物实验结果表明，记忆痕迹在受试老鼠的脑中至少要持续90秒钟，短时记忆才会转变而巩固为长时记忆。对人类则只需四五秒钟左右。短时记忆也叫操作记忆，保持时间大于一秒但不超过一到两分钟，常和一定的操作动作相联系，操作结束，准确的记忆内容也就消失。边记边忘的短时记忆是一种正常现象，能减轻大脑的记忆负担。

严重的情绪危机和压力会对记忆力造成影响。压力分为两种：一种是情绪压力，情绪可以是正面的愉快的，也可能是负面的，如恐惧或愤怒。一个人有良好的自制能力，情绪就会被压抑。另一种是生理压力，主要源于身体某方面的功能超负荷，如浮肿、暴饮暴食、过度工作等。适度的压力可以促进记忆力的发展。轻微的压力比没有压力更能帮助人们发挥潜能。

拥有充分的睡眠、保持清醒的状态和睡眠的自然周期才是最可靠的能长久促进记忆力发展的好办法。睡眠可以解除大脑疲劳，同时制造大脑需要的含氧化合物，为觉醒后的思维和记忆做好充分的准备。适度睡眠为记忆和创造提供了物质准备，尤其是快速眼动睡眠阶段，对促进记忆巩固起着积极的作用。

适量的酒精可以帮助人们消除疲劳，使身体活性化。但酒精对记忆却有百害而无一利，酒精对脑细胞的麻痹作用很可能导致暂时性记忆丧失。研究表明，吸烟会加速记忆力丧失。人到中年还有吸烟习惯，记忆力受损更加明显。最新研究显示，烟瘾大的人，即一周抽15根香烟以上的烟民，长久记忆与日常记忆都比常人差。

拿破仑，于15年后在制定法典的会议上能随口引证19岁时在禁闭室内看的罗马法典；前苏联的尤里·亚历山德罗维奇，只要扫视一眼，就能说出人们用粉笔画在黑板上的杂乱无章的大小不等的、有的甚至相互交切的近百个圆圈的准确数目。他被带到陌生城市里去应试，每到一个地方，只要在街上走一次，就能对那里的交通线路、十字路口的情况以及各家大型商店、剧院、酒楼的名称与地址了如指掌。他只要 2 小时的记忆时间，就可以快捷地背诵一本有 1000 多家用户的电话薄中每家每户的称谓、号码等。

达·芬奇在十几岁时到一所寺院里游玩，目光被一幅壁画吸引住了。回到家中，他毫不费力地把看到的壁画默画了下来，物象比例和细节点缀宛如原作，连色彩明暗差别都再现得十分逼真；被称作"音乐神童"的莫扎特，有一次在西斯汀教堂里，只听了一遍就把神秘不外传的大合唱（是相当复杂的变调音乐，包括 4 个声部的重唱和 5 个声部的合唱）默记在心；唐朝的王维，有一次在洛阳城里看到一幅《按乐图》，画的是一个乐队在演奏。他仔细观察了一阵子，然后微笑着对旁人说："这幅画描绘的，恰好是《霓裳羽衣曲》演奏到第三叠第一拍。"大家听了以后既诧异又不相信，都说："你怎么知道？是骗我们的吧？"于是王维请来了一队乐工，叫乐工们演奏《霓裳羽衣曲》。当乐工们演奏到第三叠第一拍时，乐工们的手指、嘴唇在乐器上的位置以及动作和姿势，刚好跟画上描绘的一模一样。大家都信服了。

世纪法国的小说家左拉，对各式的花朵及食品，都能一嗅而正确地分辨出他们的香味来；毛泽东能背诵几百首唐诗和许多篇韩愈的散文；周恩来，对见过一面的人，许多年后还能认出并叫出对方名字。

记忆力促人进步的根基，记忆是从感性认识发展到理性认识的桥梁，亦是人借以认识周围世界的一种积极的、有目的性的过程。

我们说一个人聪明，常常和他的记忆力分不开。一个人的记忆力不好，他的学习和生活就会被局限，不认人、不识物、不懂事。一个记忆力差的人，知识贫乏、头脑空空，能指望他去搞创造吗？要创造，首先需要知识，需要把记忆的知识融会贯通，否则，不可能产生灵感，产生发明创造。

有了好的记忆力，人们才能很好地保存过去的反映，使当前反映在以前反映的基础上进行，从而使人能积累和扩大、完善或修正原有的经验，使其对行动更具指导价值；有了好的记忆，先后经验才能联系起来，使一个人的心理活动成为一个发展的统一的过程。好的记忆力对于青少年来说尤其重要。青少年需要依靠记忆来吸取知识和运用知识，没有对学过的知识的积累，就很难学懂新的知识。青少年所学的知识是系统的、逐步渐进的，如果没有对前面学过的知识的记忆和理解，要理解新知识是非常困难的。

人的大脑是一个很难装满的知识仓库，大多数人的记忆力并未得到充分发挥，只要认真培养和训练，充分发掘自己的记忆潜力，记忆力的提高指日可待。

（五）提高记忆力

德国心理学家艾宾浩斯（H、Ebbinghaus）研究发现，遗忘在学习之后立即开始，而且遗忘是进程并不是均匀的。最初遗忘速度很快，以后逐渐缓慢。他认为"保持和遗忘是时间的函数"，并根据他的实验结果绘成描述遗忘进程的曲线，即著名的艾宾浩斯记忆遗忘曲线。

人的大脑是一个记忆的宝库，人脑经历过的事物，思考过的问题，体验过的情感和情绪，练习过的动作，都可以成为人们记忆的内容。例如英文的学习中单词、短语和句子，甚至文章的内容都是通过记忆完成的。从"记"到"忆"是有个过程的，这其中包括了识记、保持、再认和回忆。有很多人在学习英语的过程中，只注重了学习当时的记忆效果，孰不知，要想做好学习的记忆工作，是要下一番工夫的，单纯的注重当时的记忆效果，而忽视了后期的保持和再认同样是达不到良好的效果的。在信息的处理上，记忆是对输入信息的编码、贮存和提取的过程，从信息处理的角度上，英文的第一次学习和背诵只是一个输入编码的过程。人的记忆的能力从生理上讲是十分惊人的，它可以存贮 10^{15} 比特（byte，字节）的信息，可是每个人的记忆宝库被挖掘的只占 10%，还有更多的记忆发挥空间。这是因为，有些人只关注了记忆的当时效果，却忽视了记忆中的更大的问题——即记忆的牢固度问题，那就牵涉到心理学中常说的关于记忆遗忘的规律。

科学巨匠爱因斯坦同时也是一位小提琴演奏爱好者，他说："我渴望着把异常优美的乐曲表达出来，就逼着自己提高演奏技巧，对于那些枯燥无味的乐谱也就容易记住了。"

马克思在"关于人类的事物，我都要知道"的广泛兴趣的基础上，卓有成效地识记了人类历史并抽引出了发展规律，还发现了现代资本主义生产方式和资产阶级社会的特殊演变规律，为人类发展做出了不可磨灭的贡献。

以《物种起源》闻名于世的生物学家达尔文也曾说过这样的话："我有强烈而多样的兴趣，沉溺于自己感兴趣的东西，深深地陶醉于了解任何复杂的问题和事物。"

发现粒子而荣获诺贝尔奖金的丁肇中这样说："因为我有兴趣，我急于要探索物质世界的秘密。"哈佛大学的校长CharlesWEliot惹起记忆名字的志趣根由仅仅是因为一次曾在大众面前忘了同事的名字而大出洋相的经历。为了不再出洋相，他激发起了记住同事名字和学生名字的志趣，通过不懈的努力取得了成功，能记住教职员及每年在校学习的学生名字。

兴趣是最好的老师。怎样唤醒我们常常忽略的"兴趣"？志趣比有趣和乐趣能更好地转化为记忆的动力。有趣常常"稍纵即逝，一笑了之"；乐趣又总有些"乘兴而来，兴尽而返"，靠客观事物的趣味性诱发出来；而志趣则是兴趣的最高级形态，带有持久的目的性和方向性，常常能使人如痴如醉、废寝忘食。

相传在很久以前，美国纽约州一有名酒店的独生女儿爱上一位在船上作业的年轻小伙子。

一天，为了让心爱的小伙子能在拜见反对这门亲事的父亲时心态稳定下来并赢得父亲的欢心，姑娘特地为他调制了一杯含有酒精成分的混合饮料。正在此时，酒店老板喜爱的斗鸡——Cock突然飞舞起来，尾上散落的羽毛正好扎进盛混合饮料的酒杯里，姑娘急中生智地顺势用鸡尾搅起来，并脱口而出："鸡尾酒"。父亲见此情景，很高兴地举杯与小伙子畅饮起来。

形象有趣的故事通常能让人们引发兴趣，获得更加深刻的记忆效果。

牛顿家里养了两只猫，经常抓门，打扰他的思维。于是牛顿不假思索地吩咐仆人在门上挖两个洞——大洞让大猫走，小洞让小猫走。仆人问："先生，大猫走得过的洞，小猫也可以走，何必挖两个洞？"牛顿竟然由于注意力专注于所从事的研究而忽视了对简单常识的注意。

一天，一位朋友来看望牛顿，约好了一起进餐，饭菜已经摆在桌子上，牛顿却没有从书房出来。这位朋友早已经习惯了牛顿的怪作风——工作告一段落后才能出来，就独自一人吃了起来。他吃完了那盘烤鸡，就和牛顿开了个玩笑，把所有的鸡骨头都放回盘子里，把盖子盖上就离开了牛顿的家。

几个小时之后，牛顿在从书房里出来，感觉到饿了，于是揭开盘盖，当他看到盘子里的鸡骨头时，自言自语道："我还以为没吃呢，又弄错了！"说完他又回到书房进行思考和工作。

拉瓦锡在集中注意力解一道感兴趣的数学题，后来忽然发现自己把数学题写在了一辆出租马车的后壁上，他徒步跟着马车——马车走到哪里他就跟到哪里，手里还拿着粉笔。

在这之前，他丝毫未意识到自己已经下楼并且来到了马路上，还跟上了这辆马车,并且将其后壁当作黑板使用。

查理·狄更斯能够让自己把全部注意力集中在当时所创作的一个情节上,然后再把它转移到接踵而至的下一个情节上去。好像是一个控制大探照灯的人,把灯光对准一个物体,等把这个物体研究透了,再把它转移到另一个物体上去。

古往今来,善于学习的人都习惯于抓住主要的、关键的部分进行深入研究,其他零散的非关键的部分自然迎刃而解,前人给我们留下了很多精彩的语句:……篇篇都读,字字都记,岂非没分晓的钝汉!更有小说家言,各种传奇恶曲,及打油诗词,亦复寓目不忘,如破烂厨柜,臭油坏酱,悉贮其中,其龌龊亦耐不得。

对记忆也得进行组织,即记忆之前应该考虑:哪些信息必须记住,哪些信息应当贮存在什么地方,哪些信息必须抛弃,哪些信息必须遗忘,哪些信息必须回忆。

在所有阅读的书本中,找出可以把自己引到深处的东西,把其他一切统统抛掉,就是抛掉使头脑负担过重和把自己诱离要点的一切。——略泽尔

在学习中,我们应该把用创造性思维筛选提炼出的真知灼见记入脑中,有意识地忘掉次要的信息,腾出大脑来记忆确实有用的信息。一个人如果想将所有学过的东西都记在脑中,无疑是一种很愚蠢的企图——将记忆力虚耗在不必记忆的事物之上,无异于慢性自杀。——爱因斯坦

记忆的一个基本法则就是:依需择精而记。依需择精而记,既有对少而精信息的记忆,又有对更多信息的遗忘。

为了完满地做到这一点,就需在记忆之前加大对收到信息的

思维力度，进行预先筛选提炼。

分类或归类就是依据事物的某些内在联系或某些外部特征，把杂乱无序的事物重新组合成不同层次的类别的过程。

通过分类或归类，使分散的信息趋于集中，零碎的信息组成系统，杂乱的信息构成条理，从而使需记信息更加趋于系统化、条理化、概括化，便于记忆。

在人的识记活动中，对材料的分类、分组是很重要的一个步骤。人的经验是分类保持的。

唤起过去的经验（回忆）也要借助于经验的类别的范畴，人在记忆时能够对经验分类分组，是由于社会实践中有储存物质的分类分堆的经验。

没有社会实践中的分类分堆，人在识记材料时对材料分类分组是不可想象的。

"读书分类，不唯有益，且兼省心目。"现代脑神经记忆学理论认为：只有系统化（有条理）的信息才能在大脑中形成系统化的暂时神经联系，识记内容也显得好记一些；而孤单单的识记材料所形成的暂时神经联系则是个别的、独立的、零碎的、分散的，不容易记忆，即便是记住了，也难以保持。

分类记忆便于快捷提取信息。人的大脑如同一座图书馆，需用信息如同书籍。

经过归类编目的书籍井然有序地摆放在书架上，在需用时能有条不紊地快捷取出。而未经归类编目的书籍则杂乱地堆放在一起，需用时，一时半会儿也找不出来。

经验表明，分散杂乱的原型文字或数据信息是不受记忆系统欢迎的。因为它们既枯燥乏味又杂乱无章，毫无生气。

阿伦·佩维奥博士为了解决这一问题，提出了有关记忆的双重密码理论：假使你仅仅通过词语来记忆这一事实和想法的话，那么你只用了你一半脑力。

当同一事实或想法你不仅通过词语（贮存在左半球大脑）来记住，同时也通过图像或草图（贮存于右半球大脑）来记住，那样就在你的记忆中建立了一个强有力的联合体。当你需要回忆这个事实和想法时，就可以从这一联合体提取。

经验表明，如果通过筛选提炼、归纳整理，将有规律可循的分散杂乱的原型文字或数据转录成图表提供给记忆的话，那么，记忆系统就易于接受，还不会把它忘掉。

帮助记忆的笔记有很多种。我们把亦文亦图的帮助记忆的笔记称作记忆思路图，英国的 T·布赞叫它思维连线图，德国学者称为记忆图，《学习的革命》的作者称其为脑图，日本学者叫它智能集成板块。

记忆思路图的优点众多，最为凸显的就是集辐射（发散）思维和集中（聚敛）思维于一体，使人节时省力地在一页中就把握住了内容的整体和各分体事物以及其间的有机联系，十分便于记忆，还能将印象深烙于脑中，不易遗忘。

记忆思路图中的各分体事物好比电脑的各集成板块，它们紧密合理地协同衔接便产生了如同电脑那样的整体可视的功能。如果将其牢记在如同智慧宝库的脑中，就会井然有序地一块接着一块堆放在通路畅达的各个"房间"里，便于贮存。一旦需用信息时，就可快捷地提取，既方便识记与保持，又利于回忆或认知。

门捷列夫的《元素周期表》是将原型文数信息转录成图表的示范实例。它融一览表、系统表、比较对照表、统计表于一体，括组成宇宙万物的已知元素于一表，真不愧是"会当凌绝顶，一览众山小"的好表，使人"一观诸要"。

列宁、马克思都很注重列表记忆。列表记忆在我国源远流长，如司马迁的《史记》中的《十表》。

经验表明，经常制作的是一览表、系统表、比较对照表、统计表等，制作不拘一格，各有千秋。

站在统筹全局的高度，鸟瞰接收到的信息，把相关的信息分类归纳整理成表，进行比较对照（同中求异或者异中求同），进而把握住信息的各自特点及其间的关系——共性，可以使令人眼花缭乱、极易混淆、目不暇接的繁复信息，如英语时态、俄语数格、化学元素等变得井然有序、一目了然。特征化、条例化，既便于记忆，又便于提取。

第四章 在生活中学习

（一）生活比学习更难

大部分人从自己大学时候悲催地选错了专业，心中总是问，究竟要不要放弃自己大学的专业去追求自己喜欢的事情，且放弃专业总觉得太可惜了。

想着想着，就觉得自己完全没有了希望和前途。我们被陷入了一个"专业"的怪圈，每个人都过于专注和重视自己拿些所谓的"专业"，然后对其他事情一无所知。

广泛的涉猎生活中各种不同的事情，才会让你的生活充满各种自由。很多时候我会发现，我们对"专业"太过认真了。似乎除了与之相关的事情，其他全部都是浪费时间。

比如小时候我们过多的学习，于是很多人有学习综合症，只要一天不学习，心里就内疚得不行，其实这是一种很极端的心理，可是我们都没有觉察到。

学习很重要，可是，学习毕竟是生活的一部分，生活没分这么清楚。在生活中，学做人也是学习，观察一朵小花也是学习。

会生活比会学习更重要。

不要把时间和精力都花在课堂上和教科书里，多抽空交朋友，多出去逛逛。

学生活，比拿文凭要难。要懂得过快快乐乐的生活，要会过各种不同的生活。

孩子毕业后拿着一纸文凭面对社会的时候，往往是一脸的茫然。这个时候，他们又要开始进行新一轮的磨炼和学习，学习与人的交往，学习如何打理自己的生活，学会如何调节自己的心理状态。也正是在这个阶段，才是真正确立一个人的人生走向的分水岭，很多孩子在学校时成绩突出，但走向社会之后却并不能很快适应生活，这样就逐渐影响了他前进的步伐，而最终落在了别人的后面。

在这个时候，学会生活的重要性就凸显了出来。中国自古有这样一个观点，要学会做事就必须先学会做人。

何谓做事，做事就是工作、社交，以及靠自己的能力去取得社会的认同和社会的地位，要达到这些就需要拿到文凭，这是一张进入社会的门票，它是一个人去做事的能力保障。

但是，古人认为在这之前必须先学会做人，所谓做人就是要先从内心来完善自己，使自己具有一颗高尚的心灵，一颗百折不挠的心脏，这就是生活。

所谓学会生活，就是要学会如何去面对人生中的挫折和磨难，这需要用通过无数的挫折，无数的磨难，很多很多的时间，经历很多很多的人情世故才能慢慢培养出来。

更何况，在董桥这里，"学会生活"的含义还不仅仅是这些。

学会生活，还包括对生活的深入认识，懂得生活的真谛，学会发现生活之于自己的幸福所在。

很多人一生都在忙忙碌碌，却并不知究竟何为生活，自己想要的究竟是怎样的生活。

学会生活自然也包括对生活更为清醒的判断和认识，从而选择自己的生活方式和人生方向。

快乐才是生活的根本，一个人内心的快乐与否，才是判断他的人生是否幸福的标志。

而通常的情况是，我们一直在背负着生活的重担，当我们有孩子时，就把这种重担继续寄托在他们的身上。

适当的担负会给人前进的动力，会激起他内心的执著，但是也不能将之称为自己内心的一个庞大的负担，否则生命也就失去了轻盈自由的美好，多出的都是为生活所累的感触。

所以说，学会生活，也包括内心对于生活的达观、淡然以及良好的心境，如此，生活的真谛才会显露出来。

由此可以看出，做一个有学问的人并不难，但是要做一个懂得生活的人却并不容易。学会生活远比学得一张文凭复杂。

朋友，当你遇到各种各样的困扰时，是否会因此而感叹不已，当你经过几十年的拼搏却被卷入黑色七月的旋涡时，你是否在悲叹命运的不公平呢？亦或当你面临本该美好的事却不能实现时，你是否在感伤，在怨天尤人呢？

是的，人生在世，不尽人意之事十有八九，但是，朋友，请你莫悲伤，更不要怨天尤人，庸人自扰，抬起你的头，挥挥你的手，昂首奋进，笑对生活吧！

笑对生活，说来容易做来难。

我第一次踏入学院时，也曾那么彷徨无助过，那么不知所措过，犹如黑色七月降临的那刹那，所有的美好都被现实击得体无完肤，对大学的憧憬划为天壤之别，没有喜悦，没有欢乐，有的只是长长的失落和隐隐作痛的心。

在防不胜防中袭上我的心头，多少个不眠之夜，多少次泪湿枕巾，终于有一天，让我领悟了许许多多的道理。

其实，生活本来就是这样的，成功与失败只不过是一瞬间的功夫，没有永远的成功亦没有永久的失败，没有绝对的好与坏，亦没有永远的鲜花与掌声，因而，当人们再次置身于校园时，顿感亲切，倍感青春的活力，因为希望就在眼前：我们的学院还正年轻，它才刚刚一岁，才正起步，但它已经呈现崭新的一面，不是有句名言：青春就是太阳，青春就是希望，年轻就是钢铁，年轻就是烈火吗？我们的学院它正年轻啊，它是如此的充满生机，充满搏击，充满对未来的挑战，但它更需要我们大家的支持与热爱。

朋友，当你面对这些时，你还能沉醉郁闷中不知归路吗？你能不笑对生活吗？

笑对生活，就要把握现在，我们通常都是这样，在盛夏的时候只想到隆冬的乐趣，而一旦风雪飘零时又渴望阳光，其实快乐从来都是就在现在，在自己的身旁，面对生活就看你以怎样的心态去对待它，今天永远都是最好的时刻，昨天已经逝去，明天尚未到来，我们只有把握今天，利用珍惜今天，才能笑对生活的种种困扰。

　　笑对生活，就要把握自我，面对困境不退缩，面对挑战有自信，不卑不亢，乐观向上，还要从现实中不断满足"姜公钓鱼，愿者上钩"。虽然结果并没有钓到鱼，但是他仍然是快乐的，因为他能在钓鱼中钓到快乐，如今我们已是一名大学生了，相反与那些与大学失之交臂的同学，我们是何等幸福，何等快乐，为此，我们有什么理由对生活板起脸孔，有什么理由不笑对生活呢？

　　人生好如一方小舟，只有继续扬起理想的风帆，荡起奋斗的浆，我深信：你给了多少耕耘，生活就赏赐你多少果实，用自己的全部力量去拼搏，去奋斗，去进取，在前进中不断的种植希望，终有新的美好来临，实践中我们会发现，笑对生活，生活对自己并不吝啬。

　　朋友，即使前进中不幸折断你腾飞的翅膀，请莫悲伤，莫叹息，用另一种心态去，面对生活，笑对生活吧！

（二）低调做人安心做事

　　谦虚低调的生活方式可作为人的立身之本。

　　大道必简，成大器者皆极尽简单之能事。

　　在人的一生中，能够立自身根基的事不外乎两件：一件是做人，一件是做事。

　　的确，做人之难，难于从躁动的情绪和欲望中稳定心态；成事之难，难于从纷乱的矛盾和利益的交织中理出头绪。

　　而最能促进自己、发展自己和成就自己的人生之道便是：低调做人，高调做事。

低调做人既是一种姿态，也是一种风度，一种修养，一种品格，一种智慧，一种谋略，一种胸襟。

低调做人就是用平和的心态来看待世间的一切。低调做人，更容易被人接受。

一个人应该和周围的环境相适应，适者生存。曲高者，和必寡；木秀于林，风必摧之；人浮于众，众必毁之。低调做人才能有一颗平凡的心，才不至于被外界左右，才能够冷静，才能够务实，这是一个人成就大事的最起码的前提。

高调做事是一种境界，是做事的尺度。

高调做事不仅可以激发人的志气和潜能，而且可以提升做人的品质和层次。高调做事也绝对不等于"我尽自己最大努力"去做事，而是应该有一个既定目标。

一个人只有有了目标，才有可能全身心地投入，其成事必然顺理成章，其人生必然恢弘壮丽。

低调做人，高调做事，是一门精深的学问，也是一门高深的艺术，遵循此理能使我们获得一片广阔的天地，成就一份完美的事业，更重要的是我们能赢得一个涵蕴厚重、丰富充实的人生。古人云："欲成事先成人。"这也是一生做人做事的准则。其中蕴含的道理绝非三言两语就能说清的，当然也绝非我辈所能参透、所能悟出的，它需要生活的积累，需要生活的历练。

有些人进取精神不强，缺乏克服困难的勇气，自我要求不高，安于现状，不思进取，工作中不走在人前，也不落人后，随大流；有干好工作的热情，但自身综合能力缺乏，办法少、点子少、找不准切入点，往往事倍功半，甚至好心办成坏事。

有些人说起来头头是道，自以为是，这也行，那也行，但工作起来这也不行，那也不行，结果一事无成。

在低调中修炼自己，人生多舛，世事艰难。这就是说，人生少不了逆境，少不了坎坷，少不了挫折。

顺境常常是过去艰苦耕耘收获的结果，逆境也正是日后峰回路转、否极泰来的前奏。

因此，你要想取得成功，就得突破人生的逆境，忍受人生的挫折，走过人生的坎坷。

北魏节闵帝元恭，是献文帝拓扑弘的侄子。孝明帝时，元义专权，肆行杀戮，元恭虽然担任常侍、给事黄门侍郎，总提心有一天大祸临头，索性装病不出来了，那时候，他一直住在龙华寺，和谁也不来往，就这样装哑巴装了将近十二年。

孝庄帝永安末年，有人告发他不能说话是假，心怀叵测是真，而且老百姓中间流传着他住的那个地方有天子之气，元恭听了这个消息，急忙逃到上洛躲起来。

没过几天就被抓住送到了京师。关了好几天，由于抓不到什么证据，不得已又放了他。

北魏永安三年十月，尔朱兆立长广王元晔为帝，杀了孝庄帝。那时，坐镇洛阳的是尔朱世隆。他觉得元晔世系疏远，声望又不怎么高，便打算另立元恭为帝，但又担心他真的成了哑巴。于是便派尔朱彦伯前去见元恭，摸清真实情况。

事已至此，元恭也知道形势发生重大变化，见到尔朱彦伯后开口说："天何言哉！"十二年的哑巴说了话，彦伯大喜。

不久，元恭即位当了皇帝。

人生的路有起有落，逆境虽然痛苦压抑，但对一个有作为、有修养的人士来讲，在各种磨砺中可以锻炼自己的意志，从而由逆向顺。

低调做人无论在官场、商场还是政治军事斗争中都是一种进可攻、退可守，看似平淡，实则高深的处世谋略。一副高高在上的姿态，一副得意忘形的面孔，一副颐指气使的神情，一副专横跋扈的气势……以这种傲慢的姿态处世，迟早会失败。

社会的门楣有高有低，只有以谦卑的姿态行走其间，才能顺利通过所有的门庭。

羊祜出身于官宦世家，是东汉蔡邕的外孙，晋景帝司马师的献皇后的同母弟。但他为人清廉谦恭，毫无官宦人家奢侈骄横的恶习。

他年轻时曾被荐举为上计吏，州官四次征辟他为从事、秀才，五府也请他做官，他都谢绝。有人把他比做孔子最喜欢的学生——谦恭好学的颜回。

曹爽专权时，曾任用他和王沈。王沈兴高采烈地劝他一起应命就职，羊祜却淡淡地回答："委身侍奉别人，谈何容易！"后来曹爽被诛，王沈因为是他的属官而免职。

王沈对羊祜说："我应该常常记住你以前说的话。"羊祜听了，并不夸耀自己有先见之明，说："这不是预先能想到的。"

晋武帝司马炎称帝后，因为羊祜有辅助之功，被任命为中军将军，加官散骑常侍，封为郡公，食邑三千户。但他坚持辞让，于是由原爵晋升为侯，其间设置郎中令，备设九官之职。

他对于王佑、贾充、裴秀等前朝有名望的大臣，总是十分谦让，不敢属其上。

后来因为他都督荆州诸军事等功劳，加官到车骑将军，地位与三公相同，但他上表坚决推辞，说："我入仕才十几年，就占据显要的位置，因此日日夜夜为自己的高位战战兢兢，把荣华当作忧患。我身为外戚，事事都碰到好运，应该警诫受到过分的宠爱。但陛下屡屡降下诏书，给我太多的荣耀，使我怎么能承受？怎么能心安？现在有不少才德之士，如光禄大夫李熹高风亮节，鲁艺洁身寡欲，李胤清廉朴素，都没有获得高位，而我无能无德，地位却超过他们，这怎么能平息天下人的怨愤呢？因此乞望皇上收回成命！"

但是皇帝没有同意。

晋武帝咸宁三年，皇帝又封羊祜为南城侯，羊祜坚辞不受。羊祜每次晋升，常常辞让，态度恳切，因此名声远播，朝野人士都对他推崇备至，以至认为应居宰相的高位。

晋武帝当时正想兼并东吴，要倚仗羊祜承担平定江南的大任，所以此事被搁置下来。

羊祜历职二朝，掌握机要大权，但是他本人对于权势却从不钻营。他筹划的良计妙策和议论的稿子，过后都全部焚毁，所以世人不知道其中的内容。

凡是他所推荐而晋升的人，他从不张扬，被推荐者也不知道是羊祜荐举的。

有人认为羊祜过于缜密了，他说："这是什么话啊！古人的训诫：入朝与君王促膝谈心，出朝则佯称不知——这我还恐怕做不到呢！不能举贤任能，有愧于知人之难啊！况且在朝廷签署任命，官员到私门拜谢，这是我所不取的。"

羊祜平时清廉俭朴，衣被都用素布，得到的俸禄全拿来周济族人，或者赏赐给军士，家无余财。临终留下遗言，不让把南城侯印放进棺柩。他的外甥齐王司马攸上表陈述羊祜妻不愿按侯爵级别殓葬羊祜的想法时，晋武帝便下诏说："羊祜一向谦让，志不可夺。身虽死，谦让的美德却仍然存在，遗操更加感人。这就是古代的伯夷、叔齐之所以被称为贤人，季子之所以保全名节的原因啊！现在我允许恢复原来的封爵，用以表彰他的高尚美德。"

羊祜是成功的，上至一国之主，下至黎民百姓，都对他表示敬佩。羊祜的参佐们赞扬他德高而卑谦，位尊而谦恭。

谦卑是一种智慧，是为人处世的黄金法则，懂得谦卑的人，必将得到人们的尊重，受到世人的敬仰。

大智若愚，实乃养晦之术，从做人的原则来看，大智若愚体现为以静制动、以暗处明、以柔克刚，是为降格以待的智慧。

愚、拙、屈、讷都给人以消极、低下、委屈、无能的感觉，使人放弃戒惧或者与之竞争的心理。但愚、拙、屈、讷却是人为营造的迷惑外界的假象，目的是为了要减少外界的压力，或使对方降低对自己的要求。

如果要克敌制胜，那么可以在不受干扰，不被戒惧的条件下，暗中积极准备、以奇制胜，以有备胜无备；如果意图在于获得外界的赏识，愚钝的外表可以降低外界对自己的期待，而实际的表现却又超出外界对自己的期待，这样的智慧表现就能格外出其不意，引人重视。

"大智若愚"是在平凡中表现不平凡，在消极中表现积极，在无备中表现有备，在静中观察动，在暗中分析明，因此它比积极、比有备、比动、比明更具优势，更能保护自己。

在中国古代做人的艺术中，"大智若愚"常被演变为一套内容极其丰富的韬光养晦之术。

那些见过大风大雨的"过来人"对老子的名言"挫其锐、解其纷、和其光、同其尘，是谓玄同"理解得格外深刻，因而每当身处一些"特殊关系"的微妙场合，或者在面临生命威胁的紧要关头，韬晦者无不恬然淡泊，大智若愚。

商纣王荒淫无道、暴虐残忍，一次作长夜之饮，昏醉不知昼夜，问左右之人，"尽不知也"，又问贤人箕子。

箕子深知"一国皆不知，而我独知之，吾其危矣"，于是亦装作昏醉，"辞以醉而不知"。

隋朝的时候，隋炀帝十分残暴，各地农民起义风起云涌，隋朝的许多官员纷纷倒戈，转向农民起义军，因此，隋炀帝的疑心很重，对朝中大臣，尤其是外藩重臣，更是易起疑心。

唐国公李渊（即唐太祖）曾多次担任中央和地方官，所到之处，悉心结识当地的英雄豪杰，多方树立恩德，因而声望很高，许多人都来归附他。这样，大家都替他担心，怕遭到隋炀帝的猜忌。正在这时，隋炀帝下诏让李渊到他的行宫去晋见。

李渊因病未能前往，隋炀帝很不高兴，多少有点猜疑。当时，李渊的外甥女王氏是隋炀帝的妃子，隋炀帝向她问起李渊未来朝见的原因，王氏回答说是因为病了，隋炀帝又问道："会死吗？"

王氏把这消息传给了李渊，李渊更加谨慎起来，他知道迟早会被隋炀帝所不容，但过早起事又力量不足，只好隐忍等待。于是，他故意广纳贿赂，败坏自己的名声，整天沉湎于声色犬马之中，而且大肆张扬。隋炀帝听到这些，果然放松了对他的警惕。这样，才有后来的太原起兵和大唐帝国的建立。

假如李渊当初听了隋炀帝的话，不是自毁声誉、低调做人，而是怒火中烧、马上与之理论或采取兵变，很可能会因为准备不足、时机不成熟而失败。

这种低调做人之术在汉以后的所有做人术中发展得最为充分，许多成大事者，在成就大事之前都有韬晦的历史，无不以弱者的姿态做出强者的举动。

"大智若愚"，重在一个"若"字，"若"设计了巨大的假象与骗局，掩饰了真实的野心、权欲、才华、声望、感情。这种甘为愚钝、甘当弱者的低调做人术，实际上是精于算计的薮蔽，它鼓励人们不求争先、不露真相，让自己明明白白过一生。

平和是一种心态，是一种美德，秉持平和的心态做人，自然能妥善地对待世间的人和事，既尊重自己，又能迎得别人的尊敬，这也是低调做人的要义。

宋代有个叫韩琦的人，曾同范仲淹一道推行新政，北宋时长期担任宰相职位。

韩琦在定武统帅部队时，夜间伏案办公，一名侍卫拿着蜡烛为他照明。

那个侍卫不小心一走神，蜡烛烧了韩琦鬓角的头发，韩琦没说什么，只是急忙用袖子蹭了蹭，又低头写字。

过了一会儿一回头，发现拿蜡烛的侍卫换人了，韩琦怕主管

侍卫的长官鞭打那个侍卫，就赶快把他们召来，当着他们的面说："不要替换他，因为他已经懂得怎样拿蜡烛了。"

军中的将士们知道此事后，无不感动佩服。

按理说，侍卫拿蜡烛照明时不全神贯注，把统帅的头发烧了，本身就是失职，韩琦责备一句也是应该的，即使不责备，挨烧时"哎呀"一声也难免。可他不但忍着疼没吱声，还怕侍卫受到鞭打责罚，极力替其开脱。他这种容忍比批评和责罚更能让士兵改正缺点、尽职尽责，而且韩琦统帅的是一个大部队，事情虽小，影响却大，上上下下一知晓，谁不愿意为这样的统帅卖命呢？

韩琦镇守大名府时，有人献给他两只出土的玉杯，这两只玉杯表里毫无瑕疵，是稀世珍宝。韩琦非常珍爱，送给献宝人许多银子。

每次大宴宾客时，总要专设一桌，铺上锦缎，将那两只玉杯放在上面使用。

结果有一次在劝酒时，被一个官吏不小心碰到地上摔个粉碎。在座的官员惊呆了，碰坏玉杯的官吏也吓傻了，趴在地上请求治罪。可韩琦却毫不动容，笑着对宾客说："大凡宝物，是成是毁，都有一定的时数的，该有时它献出来了，该坏时谁也保不住。"

说完又转过脸对趴在地上的官吏说："你偶然失手，并非故意的，有什么罪呢？"

这番话说得十分精彩！玉杯已经打碎，无论怎样也不能复原，责骂、痛打一顿肇事者吧，徒然多了一个仇人，众位宾客也会十分尴尬，好端端的一场聚会便不欢而散，也会大大有损自己的形象。而韩琦此言一出，立刻博得了众人的赞叹，而肇事者对他更是感激涕零，恐怕给他做牛做马也心甘情愿了。

元代吴亮在谈到韩琦时说："韩琦器量过人，生性淳朴厚道，不计较疙疙瘩瘩一类的小事。功劳天下无人能比，官位升到臣子的顶端，但不见他沾沾自喜；经常在官场的不测之祸中周旋，也不见他忧心忡忡。不管在什么情况下，他都能做到泰然处之，不被别的事物牵着走，一生不弄虚作假。在处世上，被重用，就立于朝廷与士大夫们公平议事；不被重用，就回家享受天伦之乐，一切出自真诚。"

韩琦一生处于危险之地，而又一直立于不败之地，这是为什么呢？正如他自己所说的："天下之事，没有完全尽如人意的，一定要用平和的心态去对待。不这样，连一天也过不下去。即使是和小人在一起时，也要以诚相待。只不过知道他是小人，就同他少来往罢了。"这就是韩琦处世高人一筹的秘密。

由此可见，"道有道法，行有行规"，做人也不例外，用平和的心态去对待人和事，也是符合客观要求的，因为低调做人才是跨进成功之门的钥匙。

台湾CHEERS杂志的调查显示，台湾大学生最喜欢的企业家是台塑董事长王永庆，喜欢程度甚至超过了年纪轻轻的美国微软创办人比尔·盖茨。

第二到第四名是台积电董事长张忠谋、宏基集团董事长施振荣、比尔·盖茨，大陆工程总经理殷琪、雅虎创办人杨致远两人列第九名。

王永庆与王永在兄弟建立的台塑集团是台湾最大的民营制造业集团，旗下有30多家分公司与海外公司，在台湾石化界及整个企业界具有举足轻重的地位。

王永庆更是世界"塑胶大王"。王永庆不仅在台湾建立了宏大的家族事业，还在美国投资数十亿美元，建立了庞大的石化工业基础。

王永庆虽身家上千亿，却从不讲究排场，从不爱曝光，不论是个人生活起居还是管理他的"商业王国"，"简单"一直是他的座右铭。

王永庆的祖父是位读书人，熟读诗书，因而他希望孙子能念书。7岁的王永庆便徒步跋涉3公里，两次渡船过河，到新店国民小学上学。

小学毕业后，家中再也供不起王永庆继续上学了。

他告别了校园，踏上日出而作、日落而归的生活之路，但这并不是王永庆的希望所在。

1931年，15岁的少年王永庆告别父母，踏上了去嘉义的路途，在叔叔的介绍下，王永庆找到了一份可糊口的工作，在一家米店做小工，专为客户送米。

他工作起来格外卖力，颇得老板喜爱。而有心计的王永庆在分内送米之余，暗中观察老板如何经营米店，想学点做老板的诀窍。

第二年，他利用回乡探望父母之际，向亲友借了200元钱，开了一家小米店，成了小老板，这是他人生的转折点。

17岁的青年要独撑一家店面，并非易事。当时米行竞争激烈，繁华地段早已有主，而且他们都已有了固定的客户。要打开新的局面，需想点高招才行，否则难以立足。

王永庆为了改进食用米的质量，将杂物捡干净，再卖给顾客。顾客食用后，印象很深，来王永庆米店购米的人逐渐多了起来。他一改其他米店等顾客上门购米的习惯，主动将米送到顾客家里，这种做法因为方便了顾客，大受欢迎。他的米店生意越来越好，越做越大。

他用卖米赚的钱，购置了碾米设备，建立了一家碾米厂，又从北港附近沿海渔村招了几个帮工，从此他有了自己的工厂。

后来他又经营过木材，为他在木材业的崛起与扩展新的领域奠定了根基。

王永庆的治世治身之道只有二字："简单"。他的饮食就很简单。没有繁复的忌口规则，每餐半碗饭，配上一个鱼头、半只香蕉，请客的时候也简单，一只大虾、两片生苦瓜、几口青菜，配着红酒，细嚼慢咽，最后再加上几片凤梨，就是一餐。

他的养生之道也同样平常简单。王永庆每天晚上9点就睡觉，半夜两点半就起来做他着迷的"毛巾操"。

王永庆的养生哲学还配上他经营企业的精神，他总结道：放松就会散漫，太舒服就会不健康。

王永庆始终坚持简单原则。他说，要想头脑健康、清明，首先就不能"想太杂"，不能"贪"。安心做自己的事，才能成功！

（三）笑对人生

有个年轻人觉得自己的人生太悲惨太沉重，他终于忍受不住了，跑到一座山顶上，准备跳下去一了百了。

一位守山老人听到了年轻人的哭诉，走过来对他说："你说你的人生太悲惨，说来听听，看看我们两个到底谁更悲惨。"

年轻人说："我从小没有母亲，父亲从不管我。我没有考上大学，读了一个中专，到现在还没有找到工作。女朋友和我分手了，说我没有钱。现在我无依无靠，租的房子也到期了……你说我这样还不够悲惨吗？"

老人听了哈哈大笑起来："年轻人，你的人生多么幸福啊！"

年轻人很恼怒老人在这个时候还有心情开玩笑。

老人接着说："你从小没有母亲，我连自己的父母是谁都不知道。你没有考上大学，我幼儿园都没有读。你和女朋友分手了，我的生命快要结束了，可我始终独身一人。你还有钱租房子，我只能住在山洞里……你说，我们两个到底谁更悲惨？"

年轻人很惊讶地说："想不到还有比我更悲惨的人，如果我是你那样还不如死了算了。"老人又笑了："如果大家都像你这样想，人类早就死光了！"

年轻人不解地问："你的遭遇如此悲惨，为什么还那么开心呢？"

"因为还有比我更悲惨的人。因为我还活着。"

年轻人听了老人最后一句话，终于打消了轻生的念头。

老人说得对，还有比我们更悲惨的人，我们并不孤独；因为我们还活着，所以我们应该庆幸，比起那些生命过早消失的人们，我们不知有多幸运。每个人都有一本难念的经，我们看到的只是别人的精彩，精彩背后的泪水我们永远看不到，即使那些光芒四射的人也不过如此。

英国作家威廉在成名之前，曾经窘迫得连一双袜子都买不起。他的妻子终于不堪忍受寂寞和凄苦离开了他，带走了他唯一的精神支柱。有一段时间，他几乎快要绝望了。

投出去的三部小说已经快半年了，仍然没有消息。没有钱买食物了，他只好去山上采摘野果充饥。

这天，散步回来的威廉收到一封出版社的来信，说真的，威廉高兴了一阵，他还以为是出版社要出版他的小说了呢。结果拆开一看，既不是出版通知，也不是退稿信，而是一封道歉信。

信上说，出版社不小心把他的小说原稿弄丢了，特此致歉。威廉看到这几乎要疯了，因为他根本没有留底稿，为了尽快出版，他一写完就把原稿寄出去了。那一刻，他瘫软在地，觉得整个世界都完了。命运对他太残酷了。

后来朋友劝他放弃写作，并为他找了一份工作。威廉拒绝了，他说："只要我还活着，我就不会放弃！任何人都不可以叫我放弃！"威廉借了朋友一笔钱，又开始了艰苦的创作。

终于有一天，曾经道歉的那个出版社来信告诉他，他的小说找到了，并愿意以50000美金的价格买下它的版权，还承诺，以后威廉的任何一部作品他们都愿意出版。

威廉因此红遍了英国，可谁知道曾经的威廉是那么的穷困潦倒呢？

是的，人生充满了变数，我们永远无法知道明天会发生什么。那么面对人生的各种遭遇，我们应该以怎样的一种态度来对待它呢？消极地逃避还是勇敢地面对？

或许每个人心中都有自己的选择，别人的生活方式我们无法干预，但是我们应该清楚，如果你想成功，你想有那么一天你的付出能得到回报，那么你就应该笑对人生所遭遇的一切，大喜大悲，大起大落，苦辣酸甜，一切付诸谈笑间。

　　不是我们不在乎，而是以笑来告别不幸，以笑来迎接希望。试着每天对别人微笑，也对自己微笑，终有一天，全世界都会向你微笑。

（四） 别为小事而烦躁

　　罗茨是一家大公司的主管，每天都有忙不完的事情，大事小事一团糟，为此每天都烦恼不已，没有一刻好心情。她觉得自己太累，曾一度想辞职。早上上班的时候为员工迟到而生气，听到员工在闲聊也看不过去，文件没有打好很是窝火，觉得自己花钱养他们，他们一点也不珍惜。下班的时候，哪个员工忘记关灯了或者忘记关空调了，她必然毫不留情地训斥一顿，往往弄得下班也不愉快。

　　其实这些都不是她管的范畴，可她是老板，看不顺眼。似乎所有的员工都欠她债似的。员工们都怕她，觉得她太苛刻，太不近人情，因此大家都不愿意靠近她。

　　在公司里罗茨是孤独的。为这，她也烦恼不已：为什么这么多的员工就没有一个可以成为我的朋友呢？心烦的时候找个能说说话的知心朋友也没有！

罗茨把她的苦恼告诉了自己的母亲。她的母亲曾经也是职场上的成功人士，在这方面有很多宝贵的经验。她告诉罗茨："你试着照我的方法去做，一段时间后保证你的这些烦恼都会烟消云散。"罗茨问母亲什么方法，母亲笑着说："一心一意做你的本职工作。至于你的员工所发生的小事不要管它。"

罗茨将信将疑地按照母亲的话去做了，开始很不习惯，总忍不住想对员工指指点点，说这说那。

慢慢地，罗茨做到了。有一天，一位同事惊讶地对另一位同事说：我今天看见罗总对我笑了。"由于从小事的烦恼中解脱了出来，罗茨做起本职工作顺利多了，以前总是因为心情不好，谈判时把业务弄丢了，现在呢，业务一笔接一笔地来，每一次都很顺利。罗茨还发现一个惊人的变化，她的员工们都开始对她微笑了，迟到早退的事情再也没有发生，大家都在努力工作。

人生在世，难免为小事烦恼。一些鸡毛蒜皮的事情往往会导致大的祸端，本来是可以避免的烦恼，就是因为太斤斤计较，结果小事没有解决，大的祸事也来了。

罗茨就是因为太过注重员工的细节表现，而忽略了本职工作，放开之后，一切变得比她想象得好多了。

这个故事告诉我们，无论工作还是生活，都要有个重点，不要胡子眉毛一把抓，该做的事情没有做，芝麻大的小事反而占去了我们宝贵的时间。这样因小失大，太不值得。

该出手的时候就出手，该放手的时候就放手。统筹规划，突出重点，兼顾平衡，这样我们的人生才不至于被琐事所羁绊，才能集中精力，放开手脚做一番事业。

（五）积极发掘自我潜力

潜力是人们潜在的、没有发挥出来的力量和能力。我们需要知道，人人都具有潜力，这是大脑赋予我们的本能。而潜能的开发却是后天形成的，因为潜能深藏于我们的潜意识当中，需要后天的开发和训练，成为最终为自己所用的能力。

一位戏剧家在排练一场话剧时突然听到一个坏消息：女主角因故不能参加当晚的演出。但是演出迫在眉睫，无奈之下戏剧家只能让他的大姐担任女主角。

排练的时候，由于大姐从未演过戏，对于挑战女主角她十分没信心，所以她演得十分糟糕。

剧作家情急之下，生气地说："这段戏是全戏的关键，如果女主角仍然演得这样差劲，整个戏就不能再往下排了！"全场一片沉默，感到委屈的大姐强忍住自己的情绪，脑海中回荡着剧作家的批评，突然她咬了咬牙坚定地站起来："排练！"接着变得非常胸有成竹。

之后的排练可想而知，非常成功，她表现得十分自信、真实，让在场的每一个人都赞叹不已。剧作家对她刮目相看："从今天以后，我们有了一个新的大艺术家。"

大企业家笛福森直到 45 岁的时候还是一个小小的银行职员，之前没人会相信他将会是一个享誉美国的企业家。45 岁以前，就连他自己都看不起自己。

然而，潜能就在关键的时候被发掘了，在他 45 岁生日的那天，他被一个登载于报上的创业故事所激励，于是他就在这将近半百的时候立下了自己的奋斗目标——成为一名大企业家，从此拼命地开发自己的潜能，专心研究企业管理。他变得越来越自信，越来越顽强，最终成为一个享誉全美的大企业家。

我们可以看到，如果不是剧作家的刺激，他那位姐姐是不会激发出自己潜在的表演天赋的；如果不是非凡创业故事的激励，笛福森再过 30 年后仍然可能是一个默默无闻的银行职员。

其实人人都有潜能，不同的是有些人挖掘了自己的潜能，并将这种能力发挥到了极致，所以他迎来了自己的成功；而有些人却根本没有意识到自己的潜能，也没有机会去挖掘这份潜能。潜能是在不断的奋斗、拼搏中发掘的。

只要我们坚信我们未来的蓝图会成为现实，并为之而奋斗，坚持不懈，那么我们就能激发出自己的潜能，调动所有的积极性去实现它，将它变为现实。

人的潜能是难以估量的，就像一位母亲在危险的时候能准确地抱住从四楼摔下来的婴儿一样。人们在危难来临时常常表现出惊人的潜能，例如人们在不会游泳的情况下，面对遭受鳄鱼袭击的威胁时，便会奋力自救，于是竟能神奇地学会划水。

从对大脑的开发和利用程度来看，每个人的潜能都是无限的。人类对于大脑的研究有 2500 年的历史，然而对自身大脑的开发和利用程度仅有10%。

如果将人类的整个意识比喻成一座冰山的话，95% 隐藏在冰山底下的意识就是属于潜意识的力量。成功人士和平凡人的区别就在于：成功人士会不断探索、挖掘自己的价值潜力，并全力以赴地发挥其作用，直到获得成功；而平凡人却没有发现自己潜藏的力量，总是想依靠别人，遇到问题就怨天尤人，最终一事无成。

美国心理学家威廉·詹姆斯多年的研究得出这样一个结论：普通人只用了自身所有能力的极小部分，与伟人相比，我们只苏醒了一半，所以，任何一个普通人都有无可估量的潜力。

每个人都有无法估量的潜能，再普通的人也能通过强能的开发训练，发挥潜能的神奇作用。

美国哲学家爱默生也说过："蕴藏于人身上的潜力是无尽的。他能胜任什么事情，别人无法知晓。若不动手尝试，他对自己的这种能力就一直蒙昧不察。"他为此还强调道："一个人应当更多地发现和观察自己心灵深处那一闪即逝的火花，不只限于仰视诗人、圣者领空里的光芒。"所以无论你是事业有成的人，还是一事无成的普通人，无论你是年过半百的老人，还是精力旺盛的年轻人，无论你在哪一行工作，只要你相信自己，相信自己有巨大的潜能，你就成功了一半。

（六）积极的自我暗示

自信所产生的力量虽然看不见摸不着，但是我们能感受得到这种强大的心理作用。

自信能激发人们的潜能，有助于我们发掘潜能，发挥潜能的作用，最终获得成功，甚至是创造奇迹。自信其实就是一种自我的肯定，也就是一种积极的暗示，暗示自己："我一定行！""我能做到！""我很棒！"等。

大家都知道海伦·凯勒是一位聋哑盲的女作家、教育家。试想一下，在她黑暗又寂寞的世界里，假如她对自己没有自信，她会这样顽强地生存下去吗？

假如她不自信，她会在莎莉文老师的帮助下从大学毕业吗？假如她没有自信，那么她能学会英、法、德、拉丁、希腊五种文字吗？当然不可能。她曾说过："我碰到了不可胜数的障碍，跌倒了，我一次次坚强地爬起来，每前进一步，我的勇气就增加一分，我相信我一定能到达那光辉的云端，碧天的深处—我希望的绝顶真理"。这就是自信，也正是这种自信使得海伦创造了奇迹。

在实际生活中，我们总是在自己担心出错的情况下犯错误；总是在不敢说话的情况下说错话。想一想海伦的事迹，我们还有什么理由要怀疑自己的能力呢？

挖掘潜能的另一有效途径就是给自己积极的心理暗示。暗示会产生强烈的心理定势和心理反应，并引导潜在动机产生行为。所以积极的暗示是信心产生的缘由，从而使人的潜能得到充分发挥。

积极的暗示为人的心理带来积极的影响，消极的暗示只能成为成功的绊脚石。

悲观时，进行自我暗示。

最先和最后胜利的是征服自己，只有科学地认识自我、正确地设计自我、严格地管理自我，才能站在历史的潮头去开创新的人生。——柏拉图在生活中，我们大多数人往往会进行消极的自我暗示，例如"糟了"，"又是一件麻烦事"，"我怎么总是这么倒霉"等等。其实，这些都是一种消极的暗示习惯。而那些有所成就，总是乐观的人，他们的习惯是相反的。也就是说，在面对悲观事件时，他们习惯于进行积极的自我暗示。这样的人，当有着强烈的成功愿望的时候，他就会经常这样暗示自己：你是一个成功者。然后他就会不自觉地表现出那种想象出的形象来。

今天的心理学就是要教给人们学会控制自己的能动引擎，当发现自己的想象引擎偏离现实时，你要自觉地调整引擎的方向和动力，以使自己心目中的既定目标最小限度地游离于社会，最大限度地接近于现实。于是，当根植于"心理图像"的自我暗示愈加清晰和坚定时，直觉已不仅是直觉了，那饱满而厚重的直觉已经孕育了你的成功。

而这，正是习惯可以做到的。

从今天起，就改变你的消极暗示习惯吧！你要给自己一种积极的自我暗示，并且让这种意识融入你的思维习惯中。

按照心理学理论，自我暗示有三个层次：

第一个层次即日常所说的狭义的语言文字系统的暗示和自我暗示。

当十个人都非常真实地重复一句话"你有病，不正常，很厉害，需要去检查"。结果会是什么呢？你真认为自己已经有病，然后，真的去医院检查了，而且很可能就检查出疾病。

语言不仅对他人有暗示作用，还有自我暗示的作用。一个人如果故意对他人说心情不好，他见一个人就说"我心情不好，别碰我"，说得多了，他真的就心情不好了，这种情况是经常发生的。这就是暗示的力量。

第二个层次是动作语言、表情语言的暗示和自我暗示。

人们交流不光通过语言，还通过我们的形体动作和表情。动作和表情也是语言，叫做动作语言和表情语言。

例如我对你挥拳头，这个动作表明威胁；我对你鼓掌，表明对你欢迎和鼓励。如果你在台上演唱，大家不断地鼓掌，这是大家给你肯定、赞扬的暗示，这会使你信心倍增。

这些表情动作都是语言，叫肢体语言，表情语言。动作和表情语言对人有非常强烈的暗示和自我暗示的作用。微笑的表情给我们带来好的心情。让我们每天多一点微笑，那么你每天就会快乐一点。因为，微笑是一个良好的暗示。

第三个层次是环境语言的暗示和自我暗示。

我们是生活在各种各样的语言暗示包围之中。展开来看，我们周围的环境每天都在暗示我们。

当我们见到大海，我们受到大海的暗示，心胸不由得开阔；我们见到高山，受到高山的暗示，不由得感到庄严而宁静。

环境暗示是不可抗拒的，不仅在自然环境中是这样，在社会环境中，社会文化同样对我们有暗示作用。当你在黄土高原上生活，你的心态也是跟黄土高原一个调子。

我们在这个世界中生活，大自然和社会文化融为一体，于是，我们不可避免地要受到自然环境和文化传统的暗示。暗示无所不在。"暗示"就像人类的影子，只要有思维存在的地方，就会有暗示的存在。

人需要不断地自我激励才能最大限度地发挥潜能。心理学家告诉我们，一个没有受激励的人，仅能发挥其能力的20%～30%，一旦他受到激励，其能力可以发挥到80%～90%，相当于激励前的3倍到4倍。

我们应该每天给自己成功的暗示。要实现梦想，达成目标，需要反复聆听心灵财富CD，给予自己正面暗示。当你的积极暗示形成习惯，融入你的血液里，那么你会成为一个永不绝望、永远自信的人，一个真正的强者。

自古以来，许多成功者都曾自觉不自觉地运用了"心理图像"和自我暗示的"排练"来完善自我，获得成功。改变你的消极暗示习惯吧！你要给自己一种积极的自我暗示，并且让这种意识融入你的思维习惯中。

经常对自己说"我的能力越来越强""我是一个坚强的人""我不能退缩"。一方面，简单的暗示句子便于记住，经常默诵，就会为自己打气，久而久之增强自己的信心。另一方面，有力的暗示句子使你坚信自己的力量能越来越强，有利于充分发掘自己的潜力，去克服一个又一个困难，做成一件又一件过去认为自己做不到或做不好的事，而成功做成一件事又会使你的信心增强，这样就形成一种良性循环。信念便在你的潜意识中进一步强化，被强化的心理又反过来鼓舞你向更高目标迈进。

另外，为自己确定努力的目标时，一定要切实可行，一定要经过努力能够达到，不要用不切合自己实际的言语暗示自己，否则不会发生任何作用，而且会为自己无法达到目标找到借口。所以不可行的暗示句子不会对发挥人的潜能有任何作用。如果暗示句子建立在积极可行的基础上，经过努力能够达到目标，不仅心理能适应，而且会调动自身的积极性，充分发挥想象力、创造力，克服困难，努力去实现目标。相反，暗示句子的目标定得过高，个人能力无法达到，可望而不可即，超出自己的能力，以致产生抗拒心理，激发不起积极性，反而会令人丧失信心，对潜力的发掘和自身的发展极为不利。

（七）树立目标

生活要有一定的目标。我们知道，要改变自己的生活须从培养期望做起，但仅有强烈的期望还不够，还得把这种期望变成一个目标。也就是说，你应该用想象力在头脑里把目标绘成一幅直观的图画，然后再用行动让它完完全全成为现实。卡耐基认为：选择生命中一个明确的目标，有着心理上及经济上的两个理由。

没错，我们每个人都要确定一个明确的生活目标，有了这个目标，我们的生活才会有希望、有激情、有保障，当这个目标得以实现后，我们的心理会有极大的满足感和成就感，同时也常常会获得一定的经济收益。

美国汽车大王亨利·福特在 12 岁那年，随父亲驾着马车到城里游玩，偶然间他看到一部以蒸汽为动力的车子。福特觉得非常新奇，他想："既然可以用蒸汽来做动力，那么用汽油应该也可以吧？我应该试一试。"

这是一个遥不可及的梦想，尤其是对 12 岁的福特来说。但就是从那时起，他便为自己立下了完成第一部用汽油做动力的车子的理想。他对父亲说："我不想留在农场里做一辈子的农民，我想要当发明家。"

于是，他离开了家乡，来到工业大城底特律，从一名最基本的机械学徒做起，逐渐对机械有了更深刻的认识。在工作之余，他一直没有忘记自己的理想。每天劳累地从工厂下班之后，福特仍然孜孜不倦地从事着他的研发工作。

在 29 岁那年，他终于成功了！在试车大会上，有记者问："福特先生，你成功的要诀是什么？"福特笑着回答："因为我有远大的目标，所以最终获得成功。"

每个人都会有很多想法，有很多梦想，但如果没有坚定地把它当做奋斗的目标，不用行动去配合，梦想也只会变成空想。福特及早树立了自己的目标，并用行动坚持了 17 年，所以他才会成功。

其实我们从学生时代起就确立过很多目标：小学时我们信誓旦旦，要考全班第一；中学时我们立志要考重点中学；高中时我们都有理想中的大学。反而在步入社会之后，面对无奈的现实，很多人却没有了生活目标。

一个人若是没有明确的生活目标，以及达成这项明确目标的计划，不管他如何努力工作，都像是一艘失去方向舵的轮船。所以，从现在开始，就要制定你的生活目标，无论这个目标是有关工作的、学业的，还是财富的，你都要努力去实现。

树立目标，向着目标前进。

松下幸之助给年轻人的忠告：一个人没有目标，就会不思进取，进而也无法成功。给自己树立一个目标，然后向着目标前进，这就是成功的秘诀。目标对于一个人来说是至关重要的，可以说，有什么样的目标，就会有什么样的人生。没有目标，人生通常也就失去了意义，有清晰且长期的目标，并且一直在努力，才会有一个成功的人生。

哈佛大学有一个非常著名的关于目标对人生影响的跟踪调查。对象是一群智力、学历、环境等条件差不多的年轻人，调查结果发现：27%的人没有目标；60%的人目标模糊；10%的人有清晰但比较短期的目标；3%的人有清晰且长期的目标。25年的跟踪研究结果，他们的生活状况及分布现象十分有意思。

那些占3%有清晰且长期目标者，25年来几乎都不曾更改过自己的人生目标。25年来他们都朝着同一方向不懈地努力，25年后，他们几乎都成了社会各界的顶尖成功人士，他们中不乏白手创业者、行业领袖、社会精英。那些占10%有清晰短期目标者，大都生活在社会的中上层。他们的共同特点是，那些短期目标不断被达成，生活状态稳步上升，成为各行各业的不可缺的专业人士。如医生、律师、工程师、高级主管，等等。其中占60%的模糊目标者，几乎都生活在社会的中下层面，他们能安稳地生活与工作，但都没有什么特别的成绩。剩下27%的是那些25年来都没有目标的人群，他们几乎都生活在社会的最底层。他们的生活都过得不如意，常常失业，靠社会救济，并且常常都在抱怨他人，抱怨社会，抱怨世界。你有目的或目标吗？你一定树立个目标，因为就像你无法从你从来没有去过的地方返回一样，没有目的地，你就永远无法到达。一个人没有目标，就像一艘轮船没有舵一样，只能随波逐流，无法掌握，最终搁浅在绝望、失败、消沉的海滩上。你只有确实地、精细地、明确地树立起目标，你才会认识到你体内所潜藏的巨大能力。

法国著名的自然学家费伯勒，用一些被称作宗教游行毛虫的小动物做了一次不同寻常的实验。这些毛虫喜欢盲目地追随着前边的一个，所以得了这么个名字。费伯勒很仔细地将它们在一个花盆外的框架上排成一圈，这样，领头的毛虫实际上就碰到了最后一只毛虫，完全形成了一个圆圈。在花盆中间，他放上松蜡，这是这种毛虫爱吃的食物。这些毛虫开始围绕着花盆转圈。它们转了一圈又一圈，一小时又一小时，一天又一天，一晚又一晚。它们围绕着花盆转了整整七天七夜。最后，它们全都因饥饿劳累而死。

一大堆食物就在离它们不到 6 英寸远的地方，它们却一个个地饿死了。原因无它，只是因为它们按照以往习惯的方式去盲目地行动。许多人都犯了同样的错误，对生活提供的巨大的财富，只能收获到一点点。尽管未知的财富就近在眼前，他们却得之甚少，因为他们没有目标，只能盲目地、毫不怀疑地跟着圆圈里的人群无目的地走着。树立目标的好处就是，它们有一股不可思议的力量激发你的潜能，会释放你的积极心态；它们会释放精力及创造力来协助你达成目标；明确的目标能够集中你的注意力及精力；目标让你清楚地看到未来；它们给你勇气去开始并坚持到最后。

有了清楚写下来的目标，你就能够在一两年之内完成一般人需要十年甚至二十年才可能达到的成就。目标也有其他的效果。

它们能让你的生活及其他的精神法则和谐相处。目标能够让你应用因果法则而得到最大的利益。你的目标就是你所渴望结果的定义，而且，当你明确了解这些效果的时候，你就能轻而易举地去探索你能应用并达成目标的因素。目标让你能够控制自己的生活。利用目标可以控制变化的方向。目标可以帮助你做更好的决定及选择。目标让你能够更明确地分配时间和资源。当你完全了解自己想要的东西时，你就会更冷静且有信心去处理所有的事情。目标会加深必胜的把握。当你可以把目标具体而清楚地写下来时，你就克服了心理的怀疑及恐惧。你开始相信自己可以达成目标。当信心增长的时候，你更会去做那些有助于达成目标的相关事情。你越是记得你的目标，就越加强了心理的动力。你会送出思想电波来吸引更多的机会和事件，来助你美梦成真。你越是牢记目标，越去思考如何达成目标，越去想象达成目标之后的那种快乐，你外在世界的成就就更会呼应你的内在世界。

你朝目标迈进的每一步都会增加你的快乐、热忱与自信。每天依据目标工作，你就会逐渐在心中发展出你相信每件事都会成功的绝对信心。每天的进步能让你去除恐惧，践踏怀疑。你会从积极的思考进展成为积极的领悟，没有一件事情可以阻挡得了你。要达到目标，就要向着目标前进，就像上楼一样，不用梯子，一楼到十楼是绝对蹦不上去的，相反蹦得越高就摔得越狠，必须是一步一个台阶地走上去。就像下面的山本田——一样将大目标分解为多个易于达到的小目标，一步步脚踏实地，每前进一步，达到一个小目标，使他体验了"成功的感觉"，而这种"感觉"将强化了他的自信心，并将推动他发挥稳步发展潜能去达到下一个目标。

1984 年，在东京国际马拉松邀请赛中，名不见经传的日本选手山田本一出人意料夺得了世界冠军。当记者问他凭什么取得如此惊人的成绩时，他说了这么一句话："凭智慧战胜对手。"当时，不少人都认为这个偶然跑到前面的矮个子选手是在"故弄玄虚"。10 年以后，这个谜底终于被解开了。他在他的《自传》中是这么写的："每次比赛之前，我都要乘车把比赛的路线仔细看一遍，并把沿途比较醒目的标志画下来。比如第一个标志是银行；第二个标志是一棵大树；第三个标志是一座红房子……这样一直画到赛程的终点。比赛开始后，我就以跑百米的速度，奋力地向第一个目标冲去，过第一个目标后，我又以同样的速度向第二目标冲去。起初，我并不懂这样的道理，常常把我的目标定在40 千米外的终点那面旗帜上，结果我跑到十几公里时就疲惫不堪了。我被前面那段遥远的路程给吓倒了。"

大成功是由小目标所累积，每一个成功的人都是在达成无数的小目标之后，才实现他们伟大的梦想。不放弃，就一定有成功的机会，如果放弃，就已经失败了。不怕艰苦，不懈努力，迎接自己的便将是成功。如果你想到达成功的彼岸，请记住：树立目标，向着目标前进。一位白人老师来到一所贫民小学给孩子们上课，他在这里看到的是打架、斗殴，以及因为贫穷带给人们的冷漠和自私。

他替这些活泼可爱的孩子可惜，实在不忍心看着他们在这样的环境中继续生活下去，便想出了一个绝妙的办法。他知道这里的人们非常迷信，于是就在课堂上给孩子们看起了手相。刚开始，这些孩子们都不愿意接近这位白人老师，后来抵不住好奇心，都想知道以后的自己会变成什么样的人物，因此孩子们也都乐意接近他了。

旁边的一个黑人小孩看到大家蠢蠢欲动，也按捺不住，最终也将手伸向了白人老师，白人老师认真地把这只黑乎乎的小手看了又看，"研究"了好半天，然后才说道："你以后一定会是纽约州的州长。"

"这是真的？我会是一名州长？"黑人小孩有点不敢相信自己的耳朵。他疑惑地望着老师，但从此却在心里暗暗给自己定下了做一个州长的目标。

从那以后，黑人小孩开始改掉自己身上的种种恶习，或许在他看来，一个真正的州长就应该是这样的。一直以来，他心中当州长的念头也丝毫没有动摇，直到 51 岁那年，他真正登上了纽约州第五十三任州长的位置。

故事告诉我们，目标、梦想可以改造一个人的思想，影响他的行动。

如果你期望自己在学业上成为什么，得到什么，那么在你的意识中就会产生对自己的期望值，会在日常行为中自觉不自觉地按照自己的期望值去指导自己的行动，使自己努力地朝这个方向发展。

（八） 保持良好的心态

一般来说，人际关系上的失败，大部分要归因于"误解"、对于特定的一系列事实或者环境，我们往往指望别人也会跟我们一样作出反应和得出结论。大多数情况下，别人的反应或者立场并不是要为难我们，也不是因为头脑太顽固或者心怀叵测，而是因为他对情况的了解和解释与我们不同。

其实，我们也不愿意承认自己的过失、错误、缺点，甚至不承认自己干得不好。我们不愿意承认我们不希望出现的情况，这实际上是在欺骗自己。正因为我们看不到真相，所以才无法采取适当的行动。有人说过，每天对自己承认一件痛苦的事实，是一项有益的训练。成功型个性的人不仅不欺骗他人，而且对自己也很诚实。我们所说的"真诚"本身，就是以对自我的理解和诚实为基础的。用"合理的谎言"欺骗自己的人，没有一个能说得上是真诚。

相信别人是真诚的而不是故意心怀敌意的，即使事实并非如此，也有助于缓和人与人之间的紧张关系，使人与人更深刻地互相了解。

有了目标，了解了情况还不够，你还必须有付出行动的勇气，因为只有通过行动才能把目标、希望和信念转化为现实。

世界上没有一件事是可以绝对肯定的。一个成功者和一个失败者之间的区别，往往不在于能力大小或想法的好坏，而在于是否有勇气信赖自己的想法，在适当的程度上敢于冒险和行动。

也许你在行动时随时都可能犯错误，你所做的决定也难免失误，但是绝不能因此而放弃自己追求的目标。你必须有勇气承担犯错误的风险、失败的风险、受屈辱的风险。走错一步总比一生中在原地不动要好一些。因为人向前走就可以获得矫正前进的方向的机会。

成功型个性总是对别人有兴趣，关心别人，他们体谅别人的困难和要求。

一个人对别人宽容时，他也必定对自己宽容。学会不在你心中谴责别人，不要评价别人，不要因为他们的错误而责怪和憎恶他们。你觉得别人更有价值的时候，你就能得到一个更佳的、更合适的自我意识。对别人的宽容之所以是成功型个性的体现，是因为那意味着这个人正视现实。人是重要的，人不能永远被当作动物或机器，或者当作达到个人目的的牺牲品。希特勒就这么干过，其他的独裁暴君也这么干，不管是在事业上或者是在人与人之间的关系上，这种做法都不可取。

在生活的陷阱和深渊中，最可怕的就是自己不尊重自己，这种毛病又是最难克服的。因为它是由我们自己亲手设计和挖掘的深渊。而一向尊重自己的人不会对他人抱有敌意，他不需要去证明什么，因为他可以把事实看得很透彻，他也不需要别人证明自己的要求。

"尊重"这个词意味着对价值的欣赏。欣赏你自己的价值并不等于自我中心主义，因为人们需要自我尊重。

自我尊重的最大秘密是：开始多欣赏别人，对任何人都要有所尊敬，你和别人打交道时要留心考虑，训练自己把别人当作有价值的人来对待。这样，你会惊奇地发现，你的自尊心也加强了。因为真正的自尊并不产生于你所成就的大业，你所拥有的财富，你所得到的荣誉，而是对你自己的欣赏。

自信建立在成功的经验之上。我们开始从事某种活动时，很可能缺乏信心，因为我们没有从经验中知道我们会成功。学习骑自行车，在公开场合演说或者进行外科手术都是如此。成功孕育着成功，这个道理完全正确，一次小的成功可以成为巨大成功的基石。

另一个重要的技巧，是养成记住过去的成功而忘却失败的习惯。

我们不是要记住失败，而是要带着感情色彩把失败深深印在心里，吸收挫折的经验重新振作起来。

过去你失败过多少次无关紧要。重要的是记取、强化和专注成功的尝试。查尔斯·凯特林说过，任何一个年轻人如果想要成为科学家，都必须准备在获得一次成功之前失败九十九次，而且不因为这些失败而损伤自我。

回忆过去勇敢的时刻是恢复自信最有效的方法，而有很多人却因为一两次失败而埋葬了美好的回忆。如果我们系统地重温记忆中勇敢的时刻，我们就会惊奇地发现，我们比想像中要勇敢得多。欧弗豪尔塞博士介绍说，生动地回忆我们过去的成功和勇敢的时刻，是自信心动摇时极其有益的训练。

从成功学的角度看，心态只有两种：积极的和消极的。面对相同的夕阳，有人低叹："夕阳无限好，只是近黄昏"，这是一种心态的写照。有人反对说："但得夕阳无限好，何须惆怅近黄昏"，这是一种心理状态。而有人则高歌："老夫喜作黄昏颂，满目青山夕照明"，这已全然是另一番心灵境界。人与人之间只有很小的差别，但这种差别却往往造成了人生结果的巨大差异：很小的差别就使人生的态度是积极的还是消极的，巨大的差异就是结果的成功与失败。

美国成功学院对 1000 名世界知名成功人士的研究结果表明：积极的心态决定了成功的 85％！我们回想一下身边的人和事。同样都是聪明的孩子，学习成绩却有好坏优劣之分；学习不好，不是智力问题，而是不认真听讲，不认真学习，不认真做作业。"认真"是什么，认真并不是智慧，而是"心态"！同样是工人、职员，有人为五好员工、劳动模范，有人却为阿混，真正的区别仅在于谁更积极、更努力、更负责，而不是聪明才智和技能。积极、努力、负责都是"心态"。社会精英、领袖伟人，他们的成就，取决于付出甚至牺牲的多少。愿意付出、牺牲，绝非方法问题，确确实实来源于心态。

让我们来听听两位举世公认的成功者，他们是怎么说的。其中一位靠"实干"而蜚声世界，另一位则靠"空想"流芳百世。他们就是天才的发明家爱迪生和天才的理论物理学家爱因斯坦。爱迪生说："天才是 99％ 的汗水，加 1％ 的灵感。"爱因斯坦说："人们把我的成功归功于我的天才，其实我的天才只是刻苦而已。"伟人之所以伟大，仅仅因为他们的心态更积极。马尔比·巴布科克说："最常见同时也是代价最高昂的一个错误，是认为成功有赖于某种天才，某种魔力，某种我们不具备的东西。"多少人因这一念之差而与成功背道而驰！不明白这个道理，就容易埋怨责怪。埋怨社会无机会，世道不公平，责怪别人冷漠无情，责怪自己生不逢时……可是我们想过没有，无论在任何社会环境里，总有人充满希望、快乐和幸福。"任何时代，都是发大财的时代！"关键就在于，任何事物都有积极的一面和消极的一面，这就要看你的心态是积极的还是消极的。如果你是积极的，你看到的就是乐观、进步、向上的一面，你的人生、工作、人际关系及周围的一切就都是成功向上的；如果你是消极的，你看到的就是悲观、失望、灰暗的一面，你的人生自然也就乐观不起来。

哲学家布伦说："我们只有一种忧虑，就是深怕失去乐园；我们只有一个欲望，就是渴望得到它。"佛说：人一生所做的行为无外乎苦和苦的终止，乐和乐的持续；除此，再没有别的了！乐园就在我们的心里。大珠慧海千里迢迢，求见马祖道一禅师。

马祖问他："你来这里做什么？"

大珠答道："来求佛法。""我这里什么也没有，哪有佛法可求？"

马祖说，"你自己有宝藏不顾，离家乱走做什么？"

大珠既惊又惑，急忙问道："什么是我的宝藏呢？"

"现在问我的，就是你自己的宝藏。"马祖进一步启示说，"它一切具足，毫无欠缺，你可随心所欲运用它，何必要向外寻来呢？"这一番睿智之语，使大珠顿悟。所谓的"宝藏"，就是指个人的"自性"。如果用成功学的观点看，这个宝藏就是心态。你掌握控制着自己的心态，因而你主宰着自己的命运。影响你的心态，不是上司，不是同事，不是父母，也不是失败，而是你自己。外界事物的变化，别人的所思所行，都不是我们的责任。我们只为自己的反应负责，这就是我们的态度。你怎么想、怎么反应，全凭你自己，积极还是消极。

成功学大师拿破仑·希尔说："积极的心态，就是心灵的健康和营养。这样的心灵，能吸引财富、成功、快乐和身体的健康。消极的心态，却是心灵的疾病和垃圾。这样的心灵，不仅排斥财富、成功、快乐和健康，甚至会夺走生活中已有的一切。"为什么积极的心态，是健康与幸福的重要源泉？除了生活中随处可见的大量事例可以证明外，近来国外在精神药理学上的发现也可以很好地解释这个问题。医学研究人员发现，人体会自行制造一种叫做脑啡（endorphins）的天然体内镇静剂，由大脑分泌，在脑部和脊髓等特定的部位活动，能减轻痛感，过滤令人不快的刺激物，使人内心祥和安乐。临床研究还发现，忧郁症患者都严重缺乏脑啡。这项发现为人们了解沮丧与喜乐的根源，带来了重大突破。心态积极、乐观向上的人很可能体内都充满了这种天然镇静剂。更重要的是，行为研究都已经发现，保持积极的心态和乐观的想法，可以刺激人体制造脑啡。相反，消极的心态和颓废的思想则耗尽了体内的脑啡，导致人心情沮丧；由于心情沮丧，脑啡的分泌量更加减少，于是消极的想法变得越来越严重，这就是"恶性循环"。另外，国外的科学家，还做过一个相关实验。在演员身上贴附电极，插上动脉导管，然后要他们表演各种戏剧情节。当他们演出愤怒、沮丧和绝望的角色时，脑啡的含量随之降低，但当剧情要求他们表演喜乐、有信心和爱情时，脑啡的含量骤升。积极的心态能激发脑啡，脑啡又转而激发乐观和幸福的感觉，这些感觉反过来又增强了积极的心态，这样，就形成了"良性循环"。积极的心态能激发高昂的情绪，帮助我们忍受痛苦，克服抑郁、恐惧，化紧张为精力充沛，并且凝聚坚忍不拔的力量。这就从生理学的角度解释了为什么成功者都是心态积极者，为什么他们能够拿得起放得下，忍辱负重，乐观向上，义无反顾走向成功。

掌握正确学习的N个法则 下

ZHANGWO N GEFAZE

ZHENGQUEXUEXIDE

张雯◎编著

中国出版集团

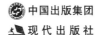现代出版社

图书在版编目（CIP）数据

掌握正确学习的 N 个法则（下）／张雯编著. —北京：现代
出版社，2014.1

ISBN 978-7-5143-2111-1

Ⅰ. ①掌…　Ⅱ. ①张…　Ⅲ. ①学习方法 – 青年读物
②学习方法 – 少年读物　Ⅳ. ①G791 – 49

中国版本图书馆 CIP 数据核字（2014）第 008496 号

作　　者	张　雯
责任编辑	王敬一
出版发行	现代出版社
通讯地址	北京市安定门外安华里 504 号
邮政编码	100011
电　　话	010 – 64267325 64245264（传真）
网　　址	www. 1980xd. com
电子邮箱	xiandai@ cnpitc. com. cn
印　　刷	唐山富达印务有限公司
开　　本	710mm×1000mm　1/16
印　　张	16
版　　次	2014 年 1 月第 1 版　2023 年 5 月第 3 次印刷
书　　号	ISBN 978-7-5143-2111-1
定　　价	76. 00 元（上下册）

目 录

第五章 坚持体育锻炼,保持愉悦心情

第六章 与人交流探讨

第七章　关注生活联系实际

第八章　随时调整自己

第九章　博览群书

第十章　分秒必争

第五章　坚持体育锻炼，保持愉悦心情

（一）开拓人生的意志力量

首先应该思考，人为什么总有向上的意愿呢？

海浪，时而涌上沿岸的沙滩，时而又退下。海水中的小石子也会随着海浪的节奏，时涌时退。假设这些小石子内心有感觉的话，那么，它们在一天、一年、一生的时间中又会有怎样的感受呢？

也许这些小石子本身可以察觉自身是怎样地存在着：自身随着海浪活动的事实，只能形成大自然整个活动中的一个组成部分。但这种所谓的自我察觉，再不会有更高的境界了。

因为，小石子单靠自身的力量将一事无成。它们只能随着海浪涌退，彼此相互碰撞、破碎，继而变成海滩上细小的沙粒，形成自然现象中的一个环节。

如果说人就像是在海浪间翻滚着的小石子的话，人的可能性也就微不足道了。而且这样的可能性最终将会破碎，化成美丽海滩上的一粒粒沙子，随后，再也难以看出它还能有什么更高的可能性了。

在观察人生与小石子有什么不同的时候，其中最重要的要素又是什么呢？即是："人有心，而且在心的领域中有坚强的意识。它能够确定方向，能尽自身全部的精力去开拓人生。这就是人所能实现的。"

与小石子不同的是，人能够用坚强的心力和意志去开拓新天地，这也是人的优越性。若从可能性的观点来看，人没有了意志力，也就无法开拓前程了。

有趣的是，人的意志力未必天生。虽然人类从小就形成了倔犟或娇弱等不同性格，这不同的性格也许可以说是天生的，但仅凭这一点还不足以保证能走出坚强的人生。人的意志可以经过锻炼而变得坚强。

自古以来即有"锻炼精神力量"之说。在精神力量中最重要的就是意志。所谓意志，即是指立下雄心壮志，为达成目标而努力的深厚热情，亦是指心的能量。

这样的热情、能源通过训练就会变得更加坚强。如同海浪在岸边涌退一样，看上去绝不是机械性动作，反而像生物体，像伴随着坚强意志的生命活动。

只要人心坚强，人的意念就能像一股爆发性能源一样，压倒一切、勇往直前。

如果你想做些什么，如果你体认到了什么能给人带来幸福，如果你知道这个幸福与个人的幸福紧密相关，那么，首先必须增强自己的意志。

最初阶段的方法即不服输之心。构成人的精神能源之根本要素有几种，其一就是不服输、不认输的心情。它有着给精神上发条的作用，形成增强意志不可忽视的力量。

如此之多的人口同生于世，就避免不了人与人之间要相互切磋、磨炼。在切磋、磨炼的过程中，必然会出现胜利者及失败者。虽然不会有永胜或永败的人，但在一时的败北中，人心难免产生出悔恨的情绪。

不能对这种悔恨一概而论，不能都将之说成是坠入了地狱。落后于人时会感到悔恨，这样的心境尤需予以重视。应该让自己在悔恨之上有更高的追求，向更积极、更高级的层次转化与提升。每个人在人生的过程中，大都感受过悔恨的心情，关键在于能否进一步用悔恨来激发向上的意愿，爆发出更努力进取的意志。

这也是个基本问题。从某种意义上来讲，悔恨是任何人都有的感情。如果因而就批评人心有虚伪的一面，指责人类竞争会增强无休止的野心。如果只看重这消极的一面，就表示自己还没有真正体会人心。把这样的感情用在激发自己向上进取，即属于积极的光明面。

因此，那些对于现状难以忍受，但又难以激发起向上之心的人，首先，应确认自己的内心有无悔恨的感觉。

如果发现自己仍有无限的可能性、仍有无限的能力时，难道不会对现在所处的立场、现今所发挥的能力感到悔悟、惭愧吗？难道这样下去就好了吗？

人自呱呱坠地，接受了父母和他人的情爱，接受了教育，走入社会，受到了来自别人的期待，在这样的事实面前仍无动于衷，难道不感到违背了良心吗？难道对自己的不努力不感到羞耻吗？在自己的周围，难道没有比自己处境艰难、却比自己有成绩、有发展的人吗？

这不是要各位生活在悔恨之中，而是应该就此扪心自问：至今自己虽然有过各种良机，但却没有成功，是否需要对此彻底悔悟，决心不让机会再度失去？这便是以悔悟之心激发自己向上进取之意志。

增强意志的第二个方法，即是发挥把事物理想化的心力。这是一股从内心自然涌现出来的冲动力，比悔悟的力量要稍微高层一些。

一个正直的青年人具备着许多美德，其中之一便是有把事物理想化的能力。只要具备了这种能力，就能正面看待眼前之事，使自己达成目标的可能性无限延展。

如果你正在为难以维持现状或打破现状而苦恼，又如果你正感到自己的人生委靡不振，就应该思量一下：自己的内心是否有强烈的理想和愿望？创造理想的能力是否正在衰落？

一个人虽年轻但缺乏理想，这个人实际上已变得衰老。相反地，人虽上了年纪但不失理想，这个人实际上仍掌握着自己的青春。

描绘和追求理想的力量，是把所有事物理想化的能力，是一种才能。想要培养这种才能，重点是要有持之以恒的意念。

年轻时，心中有的几乎是不切实际的伟大理想愿望，但在以后的现实风波中几经大浪淘沙，理想也随之变成了小石子。当步入中年后，理想更加破碎，变成了小沙粒。

这时，应该回顾自己的过去，回想自己曾经有过的青年、少年之梦。想一想自己曾经憧憬的是什么？有过怎样的理想？要知道，在看上去还不够成熟的理想中，如实地包含着你拥有的才华。

自己曾把什么当作理想？这个理想为何逐渐破碎了？继而反省失去理想的理由是否正当？它的起因是什么？

要思考自己在变化无常的环境中，为何不能再创新理想？为什么没有持续、坚定地追求理想的意志？这难道不是怠慢吗？仅仅从早到晚挥着汗水辛苦地工作，还不能说是真正的努力，努力的前提是如何看待理想。

要诚心诚意地回答这个问题。

在这大千世界，无法发挥创造理想的力量，继而丧失了这种机能的人相当多。希望人们能够回想起自己心怀理想的闪耀时刻，挖掘出这潜在的能力，予以磨炼。

增强意志的第三个方法，即是向崇高目的作出奉献的意识，这是指，向自己追求的崇高理想和人生方向不惜牺牲个人一切的意志。我认为这一点很重要。

人生下来后便受到养育、教育，随后走入社会，在自己的价值观下生活。随之，自己会在社会的某个地方碰壁，或者东闯西撞总不顺利。在生活中忘记了本来的自己，只对事物的表面现象做肤浅的分析，经常被别人的意见所左右，没有主见，导致自己走上了绝境。

人生在世，难免被各种事物束缚，被束缚住的人们，心灵会感到痛苦。但请各位想一想，自己在世上生活的空间，其实是像小小的监牢一样狭窄的，如果能够承认这个事实，就不要谎称自己已知晓了一切。

人若只局限在个人生活圈中，是不能从心中涌现出巨大能量的。人若只追求自身的幸福，心就会被狭小范围所束缚，就创造不出巨大的力量源泉。从利己主义思想中绝不可能产生出伟大的世界观。

能改变人间世界的巨大能源，即一颗追求崇高理想之心；即为了神圣的理想而投身之心；即为了神圣目的不惜奉献出自己的智慧、经验等一切力量之心。

许多人可能都不止一次地遇到过：如同被逼上悬崖峭壁，必须迫使自己舍己投身的经历。自己是否具有真正的勇气，在这样的时刻就能得到检验了。

古人言："为探明日路，不惜今日殉。"我对此话颇有同感。

这追求神圣理想之心是不惜失去自己生命的意志，它在所有人的内心里都是纯粹的光明。希望人们去发掘出这神圣的力量源泉。

（二）游历也是一种锻炼

山川湖泊的美，怕是不用赘述了，大多数的人都有过旅游的经历，即使不是什么名山大泽，想必也是风景俊秀之地，或者是人文气息浓厚的地方。自然山水令人怡悦，建筑景观使人丰富见识，民风民俗让人近距离体会另一种理解生活的方式。

旅游的一大动力是好奇心，对于奇异的景观与现象保持好奇心，是一个人难得的品质，也是以后丰富阅历的基础。好奇心重的人，往往对生活中的各种事情保持兴趣，对外面的世界更是有着异乎寻常的渴望。旅游可以满足这种渴望，同时，既丰富了你的生活，也在不知不觉地影响你的生活情趣与艺术品位。拜伦最有名的作品是长诗《唐璜》，用八行体写了主人公唐璜丰富的经历。两次横穿欧洲大陆的壮举不是随便什么人都可以做到的，尤其是这种游历不是走马观花，而是用心去观察，同时学习。拜伦的意大利之旅使他精通了八分体，而几次欧洲大陆之行更是给他的笔以无限的养料。可以说，没有欧洲的游历，就不会有《唐璜》,也就不会有我们看到的那个诗人——拜伦了。话扯得有些远,我们没有那个条件,然而适当的游历确实是在慢慢地改变一个人的气质。

在大城市中,而大城市的周围是少不了风景绝佳之地的,城市若是历史悠久的,往往遍布着古迹,那是历史的沉淀,有着自然山水所不具备的魅力。在自然山水中,人们往往是放松的,恬然的,或者是迷醉的,迷醉于这让人忘却自我的景致。在历史陈迹中,人们往往是谨慎的,谨慎于与历史的对话,还有对先人的精巧才华的敬佩。

自然山水是静的,适合一个人去接近它,当然不要有危险;历史陈迹是"流动"的,那上面承载着很多信息,适合与友人相携游赏,交流心得。

有人的地方就会有历史,所以说,自然中只要是人迹能达的地方,总是遍布着古迹,这也是山川吸引人的地方,因此,接近自然,同时也是在丰富艺术修养与学识。

独自一个人会给人带来独特的感受,给了你绝大的空间去按照自己的方式、自己的路线和意图去感受自然,同时也是对自己的生活能力、交往能力、判断能力与决断力的考验。计划是要定的,时间与行程要有安排,安全意识也必不可少。若是经济上不富足,还涉及到安排金钱,保证用最少的钱达到自己的目的。在生活中很强调个人体验的人,不必说,是比较喜欢并经常独自游历的,虽然他们并不拒绝与别人一同分享它。

与老朋友或者新朋友同游也有独特的收获,同游的前提是同心、同趣味,否则无益。与他人一同游赏,和独自游历很不同,在这种关系中,游历固然是联系大家的引线,但是交往则占很大的比重，已经不仅仅是旅游了。所以说，随便一群人出去旅游，如果不是纯粹的集体活动，必然是索然无味的，大家都收敛得多。所以，要是为了旅游的话，还是找好朋友吧，而因为志趣而成为新朋友的，少有不快活的。

很多人去旅游是出于对大自然的一种探求对世界的一种知识的追求，是很多人为了让自己放松去旅游，可是我觉得那只是表面的旅游。其实旅游的好处还是很多很多的。

拓宽视野展开眼界旅游最基本的优点可谓拓宽视野。我觉得出去旅游最大的优点就是拓宽了我的视野。我这次去了西塘、乌镇还有苏州，见识了不同地方的风土人情，也了解到一些当地居民的生活习惯。虽然这是旅游，但是我也从中学到了很多知识。另外，我还在旅游期间吃了很多他们那儿的地方特产，他们那里的水果也特别甜，并且比这里便宜，总之，我觉得旅游还是好处多。

出外旅游无论是乘车、乘船还是徒步旅行，都是一件很辛苦的事情。通过旅游，可以强健体魄，锻炼身体。10级的旅游专业的赵新飞同学五一期间游玩了青岛很多的景点，他讲道："我没有出省旅游，只在青岛逛了几天，也不用带太多的行李，不过也累得够呛，但是走了这么多路，我也锻炼了身体。虽然国防生天天都要训练，但是出来旅游锻炼的感觉不同，效果也不同。"

走出学校，没有学业的压力，我们可以尽情地舒展自己的身心。10级的熊梦同学在五一期间去了养马岛，"旅游，旅的是心。"他笑着说道，"平时在学校里，除了看书就是这样那样的活动，很少有闲下来的时候，五一黄金周正是放松心情的一个好的机会，我是带着愉快的心情出去旅游的。在养马岛上，我看到了那么多的美景，身心得到放松，我可以忘掉所有疲惫沉醉在美景中。在那里，我第一次骑马，坐在马背上，虽然有些畏惧，但是心情很好。并且那里的海边清澈见底，比湖水都清澈，让人看了之后好像心灵都受到洗礼。我觉得在平时疲惫的生活中，要多出去走走，让疲惫的身躯舒展一下，轻松一下。"

几个同学都是与朋友一同出外旅游的，问及旅游的优点，他们都说可以很好的增进友谊。2009 级系经贸的桂丹萍同学说："通过旅游，我与朋友们之间的感情更深了，因为在旅游过程中我们互相帮助，互相照顾。在旅游期间，可以更好地增进朋友之间的感情。"2010 级熊梦同学也提到："旅游之后回来，我与朋友们之间的友谊更加深厚了。"

另外，大学生旅游还有一些其它的优点。有些同学为了旅游，平时降低消费以攒钱旅游；并且，大学生旅游也可以有效地推动我国的经济发展。总之，多多旅游，好处多多。

（三）学习并不难

"如果让我在锻炼身体和锻炼大脑之间做选择，我会选择锻炼身体。"普林斯顿大学神经及分子生物学助理教授王森如是说。研究显示，健身运动的效果比单纯的大脑训练效果强好几倍。

美国哥伦比亚大学医学研究中心的研究人员日前表示，身体锻炼有助大脑里与记忆力相关的区域生成新细胞，从而增强大脑活力。研究人员在老鼠实验中发现，让老鼠坚持身体锻炼后，其大脑海马区的齿状回里就有新的大脑细胞生成，齿状回这一大脑结构与记忆力有关，人类一般从 30 岁开始就会出现记忆力下降的趋势，这与齿状回里的新细胞越来越少密切相联。

研究人员利用核磁共振成像扫描仪来记录老鼠大脑里的变化，然后邀请一些志愿者进行锻炼，同时记录下他们在锻炼前后大脑的变化，结果发现老鼠与人类在锻炼后大脑变化方式相同，这意味着人类在进行锻炼后也会生成新的大脑细胞。

研究人员之一、神经学家斯科特·斯莫尔博士表示："之前还没有研究能够系统地对大脑海马区里不同部分的功能进行全面分析，以了解哪些部分会因为身体锻炼而受到最大的影响。"斯莫尔说，他们在实验中通过跟踪测量大脑血流量发现，身体锻炼可以让老鼠大脑的齿状回里生成新细胞，他说："当在老鼠身上确定了这样的研究结果后，我们对于锻炼会如何影响人类大脑的齿状回血流量很感兴趣。"

接下来研究人员邀请了11名健康的成年人，请他们接受了为期三个月的技巧性身体锻炼，在锻炼开始前和结束时这些成年人均做了大脑核磁共振扫描，另外研究人员还在锻炼计划开始前后对每名志愿者的身体素质进行了检测，主要内容包括大脑得到的氧气供应量等。

结果发现，身体锻炼可以为人类的齿状回区域提供更多的血液，志愿者身体素质越好，其在锻炼后齿状回区域里得到的血液供应量就越大。斯莫尔说："人类与老鼠的大脑齿状回区域均会因为身体锻炼而增加血流量，这是一个令人惊讶的相似之处，这也显示出锻炼对于增强大脑活力能够产生神奇的作用。下一步，我们的研究重点将是哪些锻炼方式最能够帮助大脑减缓记忆力损失的速度，这样以后医生就可以为健忘患者提供一些具体的锻炼建议来提高记忆力。"

一个有学问的人，首先应该是一个知识丰富的人。如果一个人脑袋空空，一问三不知，竟然还能成为一个有学问的人，这不是一个笑话吗？所以一个人要想成为有学问的人，或者有能力的人，你的头脑中就应该有渊博的知识，这是需要靠记忆的。我们怎样才能提升自己的记忆力呢？

我们想记住一些内容，要有一些压力和紧迫感。有适当的压力，往往效果更好。

大凡要记忆就要尽量注意排除一些干扰，即此期间安排的内容相对比较单一，这样就可以集中精力各个击破。这是在一个小学的两个平行班搞的实验：一个班，一边让学生听着故事，一边让学生做口算。另外一个班呢，先让学生听故事，再让学生做口算。这两个平行班完成的任务是一样的，既要追求口算的正确率，还要把这个故事复述下来。实验的结果是：第一个班口算的正确率很低，也没有几个学生能复述那个故事。可是第二个班，口算的正确率很高，对故事的复述也比较准确。可见同时干两件事和分段干两件事，效果差很多。也就是说，同一个时间段应该是比较集中地、比较单一地去干一件事。

可能现在学生比较追求时髦，一边戴着耳机听音乐一边学习，觉得很酷，可是这样的学习效率并不高。只要学习，就排除这些干扰，集中精力。既然要记忆，就尽量排除这些影响记忆的因素，记忆的效果会更好。

要在理解的基础上加以记忆。其实好多问题，你理解了，就记住了；你不理解它，硬性的记忆，可能用的时间很长，也记不住，就算记住也会忘得很快。

数学上的很多定理，你要把它记下来很难，但你要是把这个定理求证一遍，它就活灵活现地展现在你面前，这个定理你不用记就记住了。举例说明，数学上三角函数这一部分，特点就是公式多，要是记忆这些公式，负担是很重的。但是我的学生对三角函数的公式基本不用记，都能掌握得比较好。我让学生详细地把这些公式推导一遍，看这些公式是怎么得到的，顺着源头，一步步地自己推下来。学生推了一遍之后，感觉那个公式就像他们自己发明的一样，再去记忆这个公式就很容易了，即使忘了也不要紧，再从头推一遍就行了。

（四）学会释放压力

改变习惯的方式有两种，一种是强迫自己按新设计的行为模式办事，直到这种模式生根为止。另一种是利用奖励办法来逐渐形成一种新的习惯。

古人云："行百里者半九十"，工作也是如此。能够开始当然很好，继续做下去更好，但是不到结束，就不算你做完了事情。我们很多人有把自己的工作做了一会儿又放在一边的习惯，还自我欺骗，好像已经完成了什么。这等于是在白白地浪费时间，因为你常常不得不回头再去做，你先前所用的时间就等于浪费了；同时，再回头做这件工作，你又要从头再来。

常常造成时间浪费的一个原因是因为人与人之间缺乏清楚、直接、恰当的沟通。伏尔泰说过："天赐语言给人，是要使他能够隐藏他的真正感觉。"在我们和老板、同事和下属讲话的时候，常常说自己认为应该说的，或认为别人喜欢听的话，而没有表达出真正的意向。所以,坦诚明白地沟通对每一个有关的人都有好处,可以使大家都清清楚楚,避免绕圈子浪费时间。

每个人都需要 8 小时睡眠的说法,并不一定正确。有些人需要 8 小时,甚至更长时间的睡眠,但是绝大多数人少睡一点,也能过得不错。当然,如果你少于 8 小时的睡眠确实不行,你也不要勉强。

约好和你一起吃中饭的人迟到时,或者你在路上耽误了,或者银行里排队而向前移动缓慢时,不要把这些短暂的时间白白耗掉,你可做一些平常来不及做的某些事情,如想想某件事应该怎么做。

保护你的周末,除非有紧急情况,否则不要让工作延长到周末。周末你不妨彻底轻松一番,完全远离办公室或者工厂、公司的事务,这样会有助于运用下一周的时间。

好的时间管制是要认识到今天是我们唯一"能运用的时间",一定要合理支配。过去已经是一去不复返了,未来只是意念中的事。世界上每一件事情的完成,都是由于某一个人或某些人认识到今天是行动的唯一时间。

每一个珍惜时间、希望自己能获得成功的人都应该切记:昨天是一张注销的支票,明天是一张期票,今天是手上的现金。因此,只有今天是我们唯一能利用的时间。

如果你不相信这一点,你可以从你的人生档案中找出你拖延着没有做的事情、没有完成的项目或者课题,这样的事情你可能也会找出一大堆:搬了新家窗帘还没有装,所以没有请朋友来家里玩;这篇文章的构思还不是非常成熟,所以还没有写;这只现价 30 元的股票原想等掉到 5 块钱再买,但它一直掉不到 5 块钱,所以就一直未买等等。归纳一下你会发现,你一直在等待所谓的条件完全具备，你好将它做得尽善尽美。可是，你可能会发现社会上同样的事情有些人的方案或者条件还不如你的成熟，但他们的成果已经问世，或者已经赚了一大笔钱。你又会因此而烦恼。造成这种状况的原因就是你也患上了"完美主义"的毛病。

这就可以解释，为什么会有那么多表面看起来相当精明能干的人到头来却一事无成，在人生的道路上坎坷颇多、进退维谷。

你还可以做这样的试验，把手头的某项工作交给你的两位部下，一位是完美主义者，一位是现实主义者，观察他们面对同一工作会有哪些不同。等他们的方案提交上来，你会发现完美主义者可以一下子给你提供十多种可能的方案，分别说明了其可行性与利弊得失。但是他无法确定哪种方案最好，他会采用哪种方案。而现实主义者则不然，他可能只有一种方案，也就是他要实施的那套方案。在聪明才智方面，他比不上前者，但他能够给一套很实在、马上就可实施的方案。

所以，在人生中，无论是对待工作、事业，还是对待自己、他人，我们不妨做一个适度的妥协主义者，而不要做一个完美主义者。因为完美主义者有可能什么事情也没有做成，而妥协者却会多多少少有些进展。

请记住：不要等到所有情况都完美以后，才动手去做。如果坚持要等到万事俱备，你就只能永远等待下去了。同时，对待自己也要宽大些，不必追求自己永远绝对完美。这样，你不但少了许多烦恼，同时，你会发现你的工作、事业在一个较短时间就会有大的发展。

东晋大诗人陶渊明厌倦尘世喧嚣，辞官归隐，饮酒赋诗，云："结庐在人境，而无车马喧。问君何能尔，心远地自偏。采菊东篱下，悠然见南山。山气日夕佳，飞鸟相与还。此中有真意，欲辨已忘言。"闲适恬淡之韵味溢于言表，他所追求的正是一种悠闲自在的桃花源式的生活——他不愿承受压力。

在匆忙紧张的现代社会里，老庄哲学似乎显得有些落伍了。不甘寂寞的现代人无法安于闲适，他们崇尚功名，更愿意从事艰巨繁忙的工作，即便屡遭险阻、饱受压抑也在所不辞，因为他们害怕被淘汰，精神紧张可以制造一种充实的幻觉。此时，人们已步入了压力的误区。

那些在生活和工作中承受着巨大压力的人们往往受人景仰，成为学习的楷模。我们很多人从小就受到激励，要做这种工作卖力、肩负重担的、有出息的"社会栋梁"，要敢于和别人竞赛。能够向人坦言"我这人很耐得住压力"，显得是一件很值得骄傲的事情。而人们在向心理医生进行咨询时，也多是询问如何才能进一步提高自身的"耐压能力"，以使自己可以应付更多更重的工作和学习任务。更糟的是，人的精神运动具有一种被动适应的特性—面对多大压力就基本上能够承受多大压力。你也许会发现：宣称自己很耐得住压力的人总是真的承受着巨大的压力，如果你受到鼓励，别人要求你进一步提高耐力，你就真的能够忍耐更多的困扰、承担更多的责任—直到承受力达到新的极限。即使是在不甚紧张的机关事业部门工作，你也得学习不断提高自身的压力承受力；甚至连专门教人如何释放压力的心理医生自己也感到压力重重！这真是一种遗憾！

能够承受一定的压力是很有必要的，可以锻炼人的意志，使人不致过于脆弱，在人生的旅途中经受住风浪的考验。但是，压力本身并非人生目标，实干和成绩才能够实现人生价值，而非一味承受压力、精神紧张。所以，不可为承受压力而主动给自己加压；相反，我们应该学会适当释放自己所承受的压力，否则，最终将为自己引发危机—水压过大胀爆水管的事故够可怕吧！我们确实应该改变惯有的心态，寻求一种新的工作和生活方式。

在压力引发危机之前，你就应该及早重视它。压力的累积就像滚雪球下山—当雪球还很小，速度也较慢时，是较容易控制的；等它越滚越大、越滚越快时再想让它停下来，即便不是不可能，也是相当困难了。大脑运转不过来，时间总不够用，对工作和学习感到厌烦，难以应付……这些都是你应该注意到的"减速信号"。

不要一味蛮干，面对一大堆杂乱无章的事情时，首先拧开你思想上的紧张阀门，释放压力，作作深呼吸，走出房间到林荫道上散散步；心绪平和下来后，再回到你的书桌前，镇定自若，想像自己能量巨大，运筹帷幄之中，决胜于千里之外。

（五）丢掉不好的想法

甘心使自己臣服于那些二流人物的种种论调或说法之下，而让他们把自己拖累住。

所谓二流的人物总会颐指气使，要你做"你并不想做的事情""你所应该采取的工作方式""在私生活中你应该采取的做法或态度"。那些好为人师的先生们、专权跋扈的太太们、骄傲自大的雇主们以及嚼舌多事的亲戚们经常会在不知不觉中，扮演着"想要控制你"的角色。

有一种方法，可用来辨别你是否犯了这项过失，那就是分析一下"你最近刚做完的某一项决定"。你到底是选择了"我真正想要的事物"，而没有受到旁人的意见左右呢？或者是，你是否总是根据他人的意愿来做选择呢？

成功的人会自行创造出各种有利于自己的环境，而不是被一般世俗的环境所影响。拿破仑曾说："我会设法创造或改造那些对我有影响的环境。"

可惜，大部分的人未能具备这种力量。当他们分析"为什么我在工作岗位上不能有所长进"，或"为什么我无法达成某一项生意"，或"为什么我只能得到很低的评价"，或"为什么别人节节高升，而自己却一直停留在管理金字塔的底层"的时候，他们总是不知不觉地寻找代罪羔羊使自己陷入虚伪不实的境地。

毫无疑问，这个世界上的失败者，都认为自己的能力不足，认为自己将会在人生竞赛中落败。认为生命中的种种美好璀璨的事物，都是无法掌握、无可企及的。

每天都有数以万计的富有原创性的、有价值的主意被人想出来，但是，人们总认为自己脑筋里面想出的东西一定不值钱，别人的创意就非常难得而有价值。一般人都很容易犯了这项过失而不自知。说真的，我们总会夸大他人的智力，同时低估自己的智力或实力。

对其他人的恐惧、不敢尝试的恐惧、对未来的恐惧、对自我的恐惧—这些都是恐惧的种种。

恐惧可以说是导致失败的罪魁祸首。

多数人的通病是，他们只是毫无目的、漫无目标地活着，无拘无束地胡思乱想，而不做有目的又有价值的思考活动；仅有极少数的人，会把他们想要完成的事项写在纸上；仅有甚少的人拥有想要好好生活下去的意愿。一般人只是未曾事先计划、不知道他们自己现在是在做些什么，甚至不知道自己将要往何处去—就好像是"不带地图去旅游"。这难道不是一件非常可悲的事情吗？结果，他们的头脑无法正常发挥去完成任何一件事情了。

成功是需要充分发挥"影响他人的能力"的，当你仅仅想到自己时，你就无法施展出这项能力了。

在当前这个复杂的社会中，你必须得有能力去说服别人，使他们认同你的观点，跟你站在同一立场、一起同心协力并肩作战，这样你才能出人头地、获得更高更重大的成就。可惜的是，几乎每一个人多多少少都会反问自己"那跟我又有何干？"，而不是"我还能为其他的人再做些什么事情呢？"成功的人都知道：如果要有所"收获"的话，就非得先"给予"才行。要能先默默地辛苦耕耘灌溉，将来才会有开花结果、获得大丰收的一天。

第六章　与人交流探讨

（一）成为一个受欢迎的人

要让自己成为一个受欢迎的人，一味地取悦别人并不是最好的方法，关键是要培养你的特质。

无论是在生活或者工作中，我们都希望自己成为一个受欢迎的人，希望自己被别人喜欢和爱戴。我们希望别人看重自己，觉得自己受重视和被珍爱。我们也都希望自己有许多知心朋友，跟我们一起分享快乐、承担失望。

许多书籍和文章都告诉我们怎么取悦别人从而得到别人的喜爱。让别人喜欢的方法，就是使自己变得讨人喜欢。所以在生活中你要顺从别人、不要攻击别人，并且多说一些别人想听的话。和同事们相处的时候，你要表现得世故一些；和老乡在一起，则要尽量平实。如果这么做，你暂时可能会讨人喜欢，但不可能长久。因为你在讨人喜欢的过程中失去了你自己，因而你可能会发现一段时间后你的交往范围扩大了，而你自己却感到越来越孤独。所以，以失去自我为代价去取悦别人而让别人喜欢你并不是最好的方法，你必须喜欢你自己真正的样子。这是要使自己成为一个受人欢迎的人的基础。

要使自己成为一个受欢迎的人，正确的办法就是培养自己喜欢的特质，即你之所以是你自己的特殊的东西。这些特质对你而言是相当珍贵的，如果你真的希望某个人做你的朋友的话，他就应当喜欢你的这些特质。千万不要为了给别人留下某种印象而去迎合别人，那样的话你不但会失去成功的机会，还会失去你想要的一切。

对我们而言，应该培养哪些特质呢？

学会如何独处。你可能会惊讶，但这与如何受别人喜欢并不矛盾。一个人如果不能和自己好好相处的话，还能期望别人什么，又怎么能期望别人好好和你相处呢？

培养一种能将别人视为一个独立个体的能力，并欣赏这种个别差别。要讨好别人，得先学会怎么向别人讨好。我们每个人都有不同的特点足以让人尊敬和钦佩，你只有找出每个人独特的地方，否则你很难欣赏别人的特点。

培养你的享乐能力。你放慢自己的脚步，好好品尝一下自己所做的事情，同时尽量让自己参与周围发生的事情。因为你如果事事都做旁观者，你就会觉得自己并不重要，周围的事情也不重要。另外你还应期待一切愉快事情的发生，如果真的发生了就好好庆贺一番，继续强化你愉快的感觉。

不要讥讽任何人。如果你事事讥讽别人，你可能就会觉得世界上的人都是以自我为中心、都只顾自己的利益，而且你会认为世界上没有一个人是真诚的、宽容的，每个人都想占别人的便宜，一点也不想付出。比讥讽本身更糟的是，你得继续用讥讽掩盖你的这种违反道德的行为，直到你对整个世界、整个人类都嗤之以鼻。

对你重要的事情，如果你和别人持相反的意见，就准备面对他们。这对你了解自己的目的和别人的认同很有关系，也让别人知道你具有坚强的信念和强烈的感觉。如果你不珍重这种特质，你很难成为一个受人喜欢的人。

尝试培养感受别人的经验和关怀别人经验的能力。这将会使你的生活更丰富，和别人的生活建立一种密切的关系，也会使你更可爱。

学会分享朋友的快乐。同情别人的悲伤，这一点大多数人都会，但只有天使才会与别人分享快乐，因为他不嫉妒别人的快乐。所以，要学会这种特质。

你是由自己创造的，所以你可以把自己塑造成理想的自我。你不要把自己看成是别人生活的牺牲品，也不要把别人看成是牺牲品。你与别人一样享有同样多的自我创造能力，这种能力会使你和别人同样可敬。

做到了这几点，你就能成为你想成为的人，你就是一个成功者。

（二）　自我表现的法则

在生活中每个人都希望交友时遇到的人是诚实可信的。但是由于世界上存在着虚伪和狡诈，使不少人都产生了"防人之心不可无"的戒备心理。这样，往往有的人满怀一腔真诚，却不能被他人理解和认识。要表现自己的诚实并不是制造一些假象欺骗他人，而是使用一些方法和技巧使自己本身固有的诚实之心更容易得到他人的承认和理解。

在现实生活中，要做到"诚实"二字，是需要勇气和代价的。在人与人的交往中，敢于承认自己的无知和缺点，往往能给对方留下很深的印象，增加对方的信任。

一般人都有不愿让别人看出自己不足的心理，因此"不懂"二字很难脱口而出。其实，你勇敢地承认自己不知道，反而可以增加别人对你的信任。因为坦诚地说出"不懂"，会给人留下诚实的印象，再则其勇气也是令人钦佩的。敢于承认自己无知的人如果说出其他的话，别人也会认为一定是千真万确的。

在交往中，将自己的缺点明白表示出来，往往会得到别人的信任。因为一般人都是想方设法掩饰自己的缺点，所以有人如果有意暴露自己的缺点，反而会让别人觉得他诚实，从而对他产生信任感。当然，暴露自己的缺点，也不能把所有的缺点全部亮出，这样做非但不会得到好的效果，反而会破坏自己的形象，最好是：适当透露一些无关紧要的缺点，这样不会导致别人对你宣判"死刑"。

在人际交往中，经常出现这样或那样的失误，例如做了不利于对方的事，或讲了不适宜的话等。这样的事发生后，往往会使自己的形象造成损害，因此必须想办法补救。

要改善自己的形象，首先要正视自己的形象，认真反省、努力寻找补救和改正的办法，求得对方的谅解。有种人明知自己做错了事，也愿向对方承认，可是道歉时却尽量推托自己的责任，以逃避对方的责难。其实，这样做的效果，往往会造成逃避责任的极坏印象，并且还会使对方产生"此人根本没有承认错误的诚意"

的感觉。

相反，如果我们在向对方道歉时，直截了当地承认自己的错误和应承担的责任，往往会取得较好的效果。因为这样一来，对方积蓄的一团怒气失去了爆发的机会，还会使对方感到你至少是诚实和勇敢的。在道歉之后，如能立即找出弥补自己过失的办法，还会大大改善自己的形象。在对方看来，你不只用道歉来承认错误，还设法用实际行动来弥补过失，表现出了强烈的责任感，这样做很容易获得对方的好感。

由于第一印象具有鲜明、深刻等特点，因此，第一印象的好坏直接关系到交际的进行。

要给对方留下美好的第一印象，社交者首先应注意自己的外貌和举止。外貌包括衣着、发型等。一个成功的社交者，其衣着应符合自己的身份，并要根据自己的年龄、身材来决定服装的样式与色彩，做到贴身、整洁、美观、大方。发型则要考虑自己的脸型、职业及时令，以自然端庄取胜。在交际中，优雅的举止是社交的润滑剂，能起到推进交际进行的作用。举止不当是缺乏修养没有风度的自然流露，会影响自身的形象塑造，引起对方的不快，不利于社交的进行。

在第一次会面时，首先要强调举止大方。大方是自尊心、自信心的一种正确表现。交际者行为大方、动作洒脱，给对方的形象是开朗、坦率，从而刺激对方的交际欲望。但大方不能过头，还应该稳重，举止稳稳当当就能让对方感到踏实放心，觉得你是可以信赖的，心灵的大门也就愿意为你打开。在社交中，由于交际双方都处于平等地位，因此第一印象的好坏不仅与交际者本人的容貌举止、应酬答对有关，还与对方的性格特征、年龄职业有关。

这就要求在交际时要细心观察，注意发现对方反应的心理特征和性格爱好，做到一把钥匙打开一把锁。如对方反应迅速、活泼好动、善于交际，那么交际者就要在大方稳重的基础上注意语言的流利和谈吐的幽默；倘若对方安静稳重、沉默寡言、反应缓慢，交际者的行动就不能大大咧咧、毛手毛脚，而宜作推心置腹式的谈心。谈话应含蓄文雅，并力求词能达意。这样根据不同的对象采取不同的交际方法，容易使对方感受到交际者的一片真诚，从而形成良好的第一印象。

第一印象的好坏尽管直接关系到交际的进行，但是在现实生活中，仅凭第一印象取人却不全可靠。因为第一次见面所能提供的判断材料不仅有限，而且往往是比较外表的东西，有的甚至还有一定的虚假性。在第一次见面时，双方均应十分注意"印象整饬"，即控制别人形成对自己的印象。行为者总是要选择适当的言辞、表情、姿态和动作，期望能在对方的心中留下美好的印象，为继续交往打下基础。因此那种一见如故就倾心相交或一语不合则杜门谢客的超速交际，难以剔除那些虚假成分。所以如果任第一印象左右自己，不作长期、深入了解，很可能酿成大错。

要让对方觉得你重要，有四种具体方法：

（1）做一个好听众。专心听别人讲话的态度是我们能够给予别人的重大赞扬，这是一种暗示性赞扬，能使对方觉得自己重要。

（2）谈论对方感兴趣的事物。对领导，话题最好拉到他成长的历史；对老人，谈话应主要集中在他年轻时的伟绩；对青年，研讨的要点宜放在如何创业……不同的人，要求我们用不同的谈话方式和技巧。

（3）对别人表现出最大的热情。我们都有这样的经验，如果领导每次见面都与我们热情打招呼、促膝交谈，那一定会有这样的感觉："领导瞧得起我！"的确，给予别人的热情就是给予别人的支持和鼓励，能大大增强对方的自我肯定。如果你能给予别人最大的热情，别人会觉得你的形象高大，将心比心，别人也绝不会麻木不仁。

（4）对人表现出诚挚的关切。这样做可以起到安抚、慰问的作用，表明对方在你心目中占据的位置，这对广交朋友是大有益处的。

（三）赞美别人不怕多

喜欢得到他人的赞美，这是人性的一个特点。我们很多人都喜欢他人赞美自己，就是自己对此过于吝啬，我们一直没有这种习惯，没有意识到"赞美"二字的魔力。这两个字不但让别人高兴，也让自己获得了无数的友谊和帮助。

其实，不仅成人需要赞美，小孩子也需要大人的赞美。不信你称赞一位小女孩说她长得漂亮可爱，或是她的洋娃娃很好看，看看她的反应如何？你也可称赞一位小男孩，说他长得很帅，说他的玩具枪好厉害，看看他高不高兴？

成人看似心智成熟，其实需要赞美的心理并未消失，所以女孩子买了新衣服，总要问问女伴"好不好看？"如果说好看，她便乐了。男人呢？如果说一位年轻人长得又帅又酷，他准高兴；对中年人说他有性格，他也一定开怀！所以，在社会上行走，你一定要善用"赞美"二字的魔力，它可以提高、润滑你的人际关系，让你到处受欢迎。

那么我们应该怎样赞美他人呢？其中也有一些诀窍。

赞美要自然、顺势。不必刻意为之，过于刻意会显得"另有所图"，可能对方不领情，反而弄巧成拙。此外，也不必用大嗓门赞美，这反而变成酸葡萄，有挖苦的味道了！最好是私下向对方表明你的看法，这种表示方法也比较容易造成双方情感的共鸣！

赞美要看对象。对喜欢漂亮的女孩子你就要赞美她的打扮；有小孩的母亲，最好赞美她的小孩，"慈母眼中无丑儿"，赞美她的小孩"聪明可爱"准没错！工作型的女孩子除了外表之外，也可赞美她的工作绩效；至于男人，最好从工作下手，你可称赞他的脑力、耐力，当然如果他已婚，也可赞美他的妻子、小孩。

用词不要太肉麻。能适当地表达你的意思就可以了，而且也不宜太夸张，太夸张也会让人感到是一种挖苦。一般来说，"不错"、"很好"、"我喜欢"之类的用词就够了。

多赞美"小人物"。当他们有一点小表现，赞美他们两句，包你收了他们的心，因为他们平常欠缺的就是赞美！很多人往往不会想到去称赞他们！

其实人都需要肯定，尤其是外人的肯定。有外人的肯定，自己的存在便有了安全感，而赞美就是肯定的一种形式。赞美不用花钱，又可鼓舞人心，让人快乐，并为你赢得友谊，你又何乐而不为呢？

人人都希望得到赞美，即使他知道你这赞美很不由衷，他也会心甘如饴地慨然受之，不喜欢听到赞美的人只可能出现在那些闭门造车凭空臆造的肥皂剧和童话小说里。

厚黑学一代宗师李宗吾先生有一个名言叫"逢人短命，遇货添钱"，实在是一个不错的为人处世哲学。把他人的年龄适当的少说几岁，把他人买的东西价钱说高点，这都是在赞美他人，满足他人。

当我们赞美别人时，就正是在满足他尊严的需要，化解他人性的饥渴，我们施舍了他，帮助了他，那么他必将想方设法的用另一种方式来回报我们。而他的这种回报，往往会正是我们在成功路上需要得到的帮助。在某种意义上说，对他人的赞美，实际上就是在赞助自己的成功，这时候，你还吝啬什么呢，你还有什么顾虑，还有什么心结不能解开呢？

（四）赢得别人的信赖

在社交圈中如鱼得水的人，往往是值得信赖的人。因此，赢得别人信赖是增强社交能力的有效途径。那么，在较短的时间内怎样才能赢得别人的信赖呢？

主动、积极地与人交往，能在交往中汲取营养、增长见识、培养友谊。

在交往中要热情，充满青春的气息，具有强烈的进取心。不能未老先衰，萎靡不振。富于感染力，使周围的人能够从你身上得到启发和鼓励，创造交流思想、情感的环境，要使人们因为有了你的存在而兴奋、活跃。但热情也应有度，过分热情则容易让人感觉虚情假意。

同时，还要具有强烈的自信心。特别是男性，在女性眼中，只有有自信心的男士才会让女性觉得有力量感，产生靠得住的感觉。

如果没有自信心，让人觉得此人干什么都不会成功，不但产生不了信赖的心理，相反，还会从心里瞧不起你，认为你是一个无足轻重之人。

社交中善于区分真、善、美与假、恶、丑，敢于主持正义，向邪恶势力和不义行为进行斗争。只有这样，人的形象才能鲜明。

正直善良的人应当有原则性。遇事分清主次轻重，该妥协的妥协、该退让的退让、该坚持的坚持。不能拘泥小节、计较细枝末节，而要深明事理、识大体、顾大局。

（五）怎样说出令人高兴的话

每个人都有享受快乐生活的权利，而给别人带来快乐的人自己就拥有了两份快乐，你愿不愿意学做一个快乐的人？

快乐的人能以自信的人格力量鼓舞他人。自信是人生的一大美德，是克敌制胜的法宝。

在社交中，和一个充满自信心的人在一起，您会备感轻松愉快，即使遇到困难挫折，也会以乐观自信的态度去克服。这种人格力量本身对别人也是一种鼓舞。

快乐的人能用富有魅力的微笑感染别人。人人都希望别人喜爱自己、重视自己。微笑能缩短人与人之间的距离、融化人与人之间的矛盾，释解敌对情绪，生活中没有人拒收微笑这一"贿赂"。

快乐的人能不惜代价让对方快乐起来。谁不希望自己快乐？如果您是能给对方带来快乐的人，你也会是一个受欢迎的人。

为了使对方快乐，你应多寻找一些引起人快乐的方法，有时，为了让别人快乐，可以不惜一切代价。

快乐的人能让幽默在尴尬场面触发笑声。幽默是快乐的杠杆、是生活幸福的源泉、是社交的润滑剂。应付日常生活中最让人伤脑筋的尴尬局面，最神奇的武器往往是幽默，幽默的语言常常给人带来快乐，你要推销你的快乐，最好的广告就是幽默。

快乐的人能说出令人高兴的话语。让人喜欢与你交谈的前提是能使谈话顺利地进行下去，重要的是选择符合对方兴趣、年龄、工作的话题。例如，对于女性，问人家："有恋人了吗？""今年几岁？"人家只能认为你是"神经质的人"。

若有位男士对你刨根问底，那你一定也不会对他产生好印象。所以在开始谈话时应先问"怎么样，喜欢体育吗？""这件衣服非常好看呀！"这些对方的兴趣及爱好等，从对方感兴趣的事情开始切入话题。

一定要避开以身体的某一特征为话题的谈话。必须注意不要谈论身体太胖啦、头发太少啦等对方比较在意的事情。另外还应避开政治、宗教、思想的话题，因为每一个人都有不同的生活方式和自己的想法。

如果你想要自己快乐，也能让别人快乐，那么你要经常自我检查一下：你是否话说得太快？如果是，可能会给听众一种神经质的印象；你是否讲得太慢？如果是，可能会给听众一种你对自己所讲的缺乏把握的印象；你是否含糊其辞？这是一种缺乏安全感的明确标志；你是否用一种牢骚的语调说话？这是一种自我放任和不成熟的标志；你的声音太高而刺耳吗？这是神经质的又一种标志；你用一种专横的方式说话吗？这意味着你是固执己见的；你用一种做作的方式说话吗？这是一种害羞的标志。

快乐的话语是诚挚自然的，饱含着信心与精力，还隐含着一种轻松的微笑。如果你掌握了这个诀窍，那么你的朋友和你都会快乐似神仙。

（六）学习别人的长处

怀特是美国印第安纳州小乡镇上的铁道电信事务所的新雇员，16 岁时他便决心要独树一帜，27 岁时他当了管理所所长，后来又成为俄亥俄州铁路局局长。当他的儿子上学时，他给儿子的忠告是："在学校要和一流人物结交，有能力的人不管做什么都会成功……"

朋友与书籍一样，好的朋友不仅是良伴，也是我们的老师。要与伟大的朋友缔结友情，跟第一次就想赚百万美元一样，是相当困难的事，这原因并非在于伟人们的超群拔萃，而在于我们自己容易忐忑不安。

年轻人之所以容易失败，是因为不善于和前辈交际。第一次世界大战中法兰西的陆军元帅福煦曾说过："青年人至少要认识一位善通世故的老年人，请他做顾问。"

不少青少年总是乐于与比自己差的人交际，这的确很值得自慰。因为借此，在与友人交际时，能产生优越感。可是从不如自己的人身上，显然是学不到什么的。而结交比自己优秀的朋友，能促使我们更加成熟。

我们可以从劣于我们的朋友身上得到慰藉，但也必须获得优秀的朋友给我们的刺激，以助长勇气。大部分的朋友都是偶然结交的。结交朋友虽出于偶然，但朋友对于个人进步的影响却很大，因此，交朋友宜经过郑重的考虑之后再决定。

总之，事业的成功，有赖于比自己优秀的朋友，不断地使自己力争上游。

人类社会，竞争无处不在；商场之中，同业相互比拼。竞争对手是一种客观存在的现实力量，乍看起来对自己是一种现实的威胁，是一种不利因素，但若能施巧借计变不利为有利，变敌力为我力，这种威胁之力就会成为扬帆之风，顺路帮你壮大力量，扫除障碍，最终战胜对手。日本人深谙此道，并运用得相当老练。

学习武术的人，有的是为了强身健体，增强自我保护能力不受他人的欺压，也有的人是为了打败别人，独霸武林。日本人就是后面这一种人。日本人学习别人的长处，究其目的，"胜人"甚于"自卫"，他们善于学习竞争对手的长处来战胜对方。这种竞争风格促成了日本在20世纪70到80年代惊人的经济发展成就，它甚至让近一个世纪以来独领世界经济风骚的美国心驰神往。

比如，日本人在向西方学习的过程中，他们不仅学习到了先进的技术，更学到了利用先进的品牌理念去和欧美企业竞争的方法。模仿柯达而进入市场的富士，在美国市场的竞争中一度把柯达逼到绝境。洛杉矶奥运会上，富士以700万美元打败柯达，成为这一届奥运会的赞助商，这时谁会想起它是"模仿"柯达起家的？

又如，日本夏普公司的崛起，也是"师夷长技以制夷"的典型案例。1962年，英国的隆姆洛克公司和美国的威尔公司几乎同时宣布了一项新发明——电子计算器。当时，大型计算机发展很快，在商业、科学技术方面迫切需要利用计算技术来解决各种问题。但是大型计算机价格偏高，结构复杂，使用不便，而市场上已有的电动计算机又不能满足新的要求。于是一种小型、灵活、便宜的电子计算器出现了，它填补了大型电子计算机与电动机械式计算机的"空档"，这个发明当时并没有引起美国企业界的重视。

美国电动机械式计算机公司中的保守思想相当严重，不少技术权威毕生从事电子计算机的研究和改进，使之达到了发展的顶峰，然而这些足以自豪的成就反而使他们目光迟钝了。恰巧威尔公司及其他一些公司在发展电子计算器技术方面也遇到了很大困难，使其他公司相信电子计算器没有什么前途了。这种失策终于使日本的夏普公司捷足先登。

于是夏普公司从美国引进样机，1964 年仿制出来，同年 9 月开始向世界各地推销。3 年后采用 MOS 大规模集成电路及数字管，性能有很大改进，价格降低了一半，一时雄踞世界市场。至 1971 年，在美国电子计算器市场上，日本货占 80% 强。

短短三五年内，日本夏普公司发挥了自己的技术优势，把他们在晶体管收音机、电视机及其他家用电器方面积累的设计技术和生产经验，用于仿制电子计算器，获得了巨大的成功。

日本公司的飞跃发展惊醒了美国企业家。1971 年，美国公司利用它在半导体工艺方面的技术优势，发展了单片电路，并采用发光二极管显示。这次重大的技术革新，使美国重振声威、再度夺得技术优势。然而，日本夏普公司并没有停滞不前，而是迎头赶上，紧追不舍。他们集中技术力量，在美国技术的基础上，于 1973 年又推出了"单板电子计算器"，把集成电路、键盘和液晶显示都制作在一块钢玻璃基片上，打了一个漂亮的反击战。

日本人就是这样，对竞争对手的动向抱有很大的兴趣，从不放松分析竞争对手的弱点以找出对手可能存在的薄弱环节。美国是日本的主要竞争者，日本以其为学习对象已是运用得相当纯熟的老办法了。他们常常利用潜在的竞争者配销他们的产品，以此作为进入美国市场的手段。

当美国公司致力于协助日本产品开发美国市场时，日本人则在一旁默默地观察，学习在美国做生意的诀窍。如美国人如何配销、推广、销售产品，以及如何与各界发生何种关系等。同时，日本人也从市场获得了许多有价值的信息——顾客们喜欢什么、重视什么以及在何处购买等。

日本人将这种学习转化成了机会，一旦他们的产品有了一定的市场地位，而他们又自认为对美国市场了解得差不多时，他们就会建立自己的配销与销售体系，以自己的商标在市场上直接销售，并开始与那些曾经帮助他们在美国市场取得立足点的美国制造商和经销商展开无情竞争。

比如，日本丰田汽车公司在自己技术力量还很弱、资金也不多的时候，一方面通过内部管理挖掘潜力，不断增强企业实力，另一方面借用通用汽车公司等汽车巨子的技术改造自己的产品，逐渐在技术上缩短差距。

等到时机成熟后，丰田汽车公司果断地打出自己的牌子，用高质量、低价格的产品向通用、福特等大公司提出挑战。此时的丰田公司已今非昔比，财力雄厚，技术先进，于是美国的几大汽车公司纷纷败下阵来，眼睁睁看着自己的市场被丰田公司抢去。

无论做什么事情，要想获得好的结果就要付出相应的代价。如果某些事情值得做，那么付出一些代价也是值得的。在社会生活中我们要想成功，必须学会谦虚，某个意义上来说，这也是我们付出的代价。但我们可以看到，谦虚具有很高的投资价值，它是一种"投资小，收益大"的资产。因为谦虚的态度让人感到舒服，从而让别人对你敞开胸怀。

谦虚是人类特有的精神境界，也是最难以实现的。一个人在工作上或在其它方面取得成就，迫不急待想让他人知道，这是人之常情。但这种急于体现自我价值、想被他人承认的心态，最后却会引人走向失败。因为如果一个人总想把自己的成就向他人炫耀以证明自己存在的价值，那么这个人永远都会活在疲惫中，最后反而会忘却自己既有的成就，自己否定自己。《庄子·徐无鬼》中有这样一则故事：有一天，吴王坐船过了大江，攀登上一座猴山。一群猴子看见了，都惊慌地四散逃跑，躲在荆棘丛中。唯独有一只猴子，得意洋洋地跳来跳去，故意在吴王面前卖弄灵巧。吴王拿起弓箭向它射去，那猴子敏捷地把箭接住了。吴王恼怒，下令随从一齐放箭，结果那只猴子就这样被射死了。吴王回过头对他的臣子颜不疑说："这只猴子因为想炫耀自己的灵巧，凭恃自己的敏捷在我面前得意洋洋才落得这样的下场。要引以为戒呀，不要拿你的地位去向别人炫耀！"

这件事让颜不疑震撼不已。他回国后就拜贤人董梧为师，压抑自己的骄气，远离美色声乐，甚至自愿从高位退下来。过了三年，全国人都称赞他谦虚的德行。

要想自己的能力日益精进，就要以谦虚的态度对待一切。从一个人向别人学习的态度能看出这个人谦虚与否。印度奥修大师说过："当你谦虚的时候，一切存在的事物都会成为你的老师。如果佛在你身边，你们之间却没能建立亲密的关系，那么是因为你不懂得谦虚。"如果你不懂得谦虚的话，就算给你再好的老师，你也无法学到任何东西。学不到东西就只有退步的份儿。因此，成功与否取决于你的学习态度。

在 20 世纪 80 年代后期，日本三菱综合研究所评选出自明治维新后长达一百年的时间里日本前一百强企业，最后得出一个结果：企业经营者的姿态决定了企业的寿命。经营者傲慢的态度，是企业走向破产的罪魁祸首。

从古至今，因企业最高决策者的傲慢态度使企业走向失败的案例不胜枚举。被成功的喜悦冲昏头脑、进而放弃学习的企业，会最终遭到成功的复仇。不论是世界级大型企业通用汽车公司或福特汽车公司，还是被称为"大马不死"的韩国大宇集团，许多大型企业灭亡都是因为它们没有虚心学习的态度。

沃尔玛的创始人萨姆·沃尔顿一生中从未停止过学习。他把一家毫不起眼的杂货零售店发展成了世界最大的零售企业，他的创意却全都来自于"偷师"。在创业初期，沃尔顿便经常"光顾"竞争对手的店，去了解他们的商品价格和经营策略。他把别人好的创意用到自己的企业中，并且每天都致力于改善企业经营模式。沃尔顿从来不会因为自己偷学别人的做法而感到羞耻或故意隐瞒，他承认打折等营销创意都是从别人那里学来的。他说："我的很多营销手法都是从别人那里学来的。可能没有人像我这样勤于拜访企业，每次拜访的时候我都会问很多问题，这样能从他们那里学到很多东西。假如沃尔玛沉浸在全市最大型的超市这项荣誉中，墨守成规，那它就无法生存到现在。不论什么时候，我们都不应该嘲笑别人的错误，而要虚心学习别人的优点。我们该关心的不是别人的缺点，而是别人的优点，每个人都有自己拿手的好戏。"

（七）征服人心，赢得合作

竞争是生物界和人类社会的一个普遍规律。所谓竞争，就是充分发挥自己的才能，追求成功并力求超过他人、成为先进者。这种竞争就是自立、自强、敢为天下先。正当的目的、手段和方式下的竞争，能使每个人的智慧、才能和人格得到充分的发展和表现，从而大大提高人生的效率、实现理想。因此，只有在竞争中自立自强的个体所组成的群体，才能有整体的活力和创造力；没有竞争的个体所组成的群体，是缺乏生命力和创造力的。因此，竞争是群体发展和富有创造力的根本机制。

但是，要使个人的竞争性能够正常发挥，必须同时发展群众意识，使每个人都能主动、积极地与他人协作、互助。竞争本身是智慧、才能的比赛，同时也是品德、人格的比赛。在竞争中，竞争者一方面要不怕强者、不怕嫉妒、敢于争强、力求争先；另一方面，又需要善于同他人协作、互助，增长群体情感和合作精神。事实上，竞争本身就需要互相信息交流以及友谊鼓励和支持，在交际和协作中，人们得到知识、增长经验，提高取得成功的能力，正是竞争激发着人们强烈的协作愿望和行动。

成功者的道路有千千万万，但总有一些共同之处。在"杰出青年的童年与教育"调查中，我们能够看到杰出青年大多数是善于与他人团结协作的人。那些杰出青年在童年与他人一起做了好事时，希望得到教师表扬的占58.78%，希望表扬时先提自己的占36.4%，希望只表扬自己的占4.05%。这说明，杰出青年在童年时能够较清晰地认识自我和他人的关系，了解个人在集体中的地位和角色，并善于从他人的角度考虑问题，所以受到同龄人的欢迎。杰出青年不仅与同伴合作密切，与父母和老师也能够愉快相处。调查显示：杰出青年通常对父母交代的事情愿意去做的占91.22%；经常帮助父母做家务的占81.08%；与教师关系平和的占45.95%；对于教师的不同意见，杰出青年有较强的独立性，附和教师意见的只占8.78%；能以相对温和的态度接受老师意见的占72.30%。由此可见，团结协作是许多成功人士的共同特性。

实际上，任何一个人，任何一个民族、国家，都不可能独自拥有人类最优秀的物质与精神财富。随着人们相互依赖程度的进一步加深，那种一人包打天下的思想多少显得有些幼稚。封闭的个人和孤立的企业所能够成就的"大业"已不复存在，合作与团队精神将变得空前重要。缺乏合作精神的人将不可能成就事业，更不可能成为知识经济时代的强者。我们只有承认个人智能的局限性、懂得自我封闭的危害性、明确合作精神的重要性，我们才能有效地以合作伙伴的优势来弥补自身的缺陷、增强自身的力量，才能更好地应付知识经济时代的各种挑战。

每个人的能力都有一定限度，善于与人合作的人能够弥补自己能力的不足，达到自己原本达不到的目的。有一句名言："帮助别人往上爬的人，会爬得最高。"如果你帮助一个孩子爬上了果树，你因此也就得到了你想尝到的果实。而且你越是善于帮助别人，你能尝到的果实就越多。

真正的合作，是取得成功的最佳方法。因此凡是成大事者，都力图通过合作的方式完善自己。

　　青年人一定要注意，做事切不可独断专行、万事全包。因为一个人的能力是有限的，只有善于与人合作的人，才能够弥补自己能力的不足，达到自己原本达不到的目的。善于完善自己的青年人也一定是有着良好习惯的人。

　　清末名商胡雪岩，自己不甚读书识字，但他却从生活经验中总结出了一套哲学，归纳起来就是"花花轿子人抬人"。他善于观察人的心理，把士、农、工、商等阶层的人都聚拢起来，以自己的钱业优势，与这些人协同作业。由于他长袖善舞，所以别的人也为他的行为所打动，对他产生了信任。他与漕帮协作，及时完成了粮食上交的任务。与王有龄合作，王有龄有了钱在官场上如鱼得水，胡雪岩也有了机会在商场上发达。如此种种的互惠合作，使胡雪岩这样一个小学徒工变成了一个执江南半壁钱业之牛耳的巨商。

　　能力有限是我们每一个人的问题。只要有心与人合作，善假于物，那就有可能避免这个缺陷。如果能取人之长、补己之短，而且能互惠互利，那么合作的双方都能从中受益。通过别人实现自己的愿望这是一种智慧，虽然不可能每个人都达到这一点，但每个人都可以与他人合作，携手做出更大的事业。

　　过去农村闭塞，人们获取财富极端困难。一个人一生中难得有一桌一椅一床一盆儿一罐，所以那时农村分家是件很困难的事情。兄弟姊娌间为了一个小罐、一张小凳子，便会恶语相向，竟至大打出手。后来人们走出来了，兄弟姊妹都往城里跑，财富的积累越来越多。回过头来，他们发现各自留在家里的亲眷根本犯不着为一些鸡毛蒜皮儿的事生气。相反，嫂子留在家里，属于弟弟的田不妨代种一下；父母留在家里，小孙子小外孙也不妨照看一下。

相互帮助，尽量解除出门在外的人的后顾之忧。反过来，出门在外的人也会感谢老家亲戚的互相体谅和帮助，一种新的农民关系就诞生了。这种哲学就是：你好，我也好，协作起来更好。

俗话说：一个篱笆三个桩，一个好汉三个帮。善于发现自己和别人的长处，并能够利用，不嫉妒别人的长处、不护自己的短处，能够协调别人为自己做事，与合作人之间建立良好的信誉，是成功者的法则，也是人与人之间共同发展的主旋律。

如果你觉得有必要培养某种你欠缺的才能，不妨主动去找具备这种特长的人，请他参与相关团体。三国时的刘备，文才不如诸葛亮，武功不如关羽、张飞、赵云，但他有一种别人不及的优点，那就是一种巨大的协调能力，他能够吸引这些优秀的人才为他所用。多一样才华，等于锦上添花，而且通过这种渠道结识的人，也将成为你的伙伴、同行、同事、专业顾问甚至朋友。能集合众人才智的公司，才有茁壮成长、迈向成功之路的可能。

能够发现自己和别人的才能，并能为我所用的人，就等于找到了成功的力量。聪明的人善于从别人的身上汲取智慧的营养来补充自己，从别人那里借用智慧，比从别人那里获得金钱更为划算。读过《圣经》的人都知道，摩西要算是世界上最早的教导者之一了。他懂得一个道理：一个人只要得到其他人的帮助，就可以做成更多的事情。

当摩西带领以色列子孙们前往上帝许诺给他们的领地时，他的岳父杰塞罗发现摩西的工作实在繁多，如果他一直这样下去的话，人们很快就会吃苦头了。于是杰塞罗想方设法帮助摩西解决了问题。他告诉摩西将这群人分成几组。每组1000人，然后再将每组分成10个小组，每组100人，再将100人分成两组，每组各50

人。最后，再将50人分成五组，每组各10人。然后杰塞罗又教导摩西，要他让每一组选出一位首领，而且这位首领必须负责解决本组成员所遇到的任何问题。摩西接受了建议，并吩咐那些负责1000人的首领，只有他们才能将那些无法解决的问题告诉给他。

自从摩西听从了杰塞罗的建议后，他就有足够的时间来处理那些真正重要的问题，而这些问题大多只有他才能解决。简单地说，杰塞罗教导摩西学会了如何领导和支配他人的艺术，运用这个方法调动集体的智慧。

作为一个努力成功的人，当你有了切实可行的行动计划之后，不妨把你的梦想蓝图、未来展望，与你的家人、亲友、同事、同行等共享。律师、银行家、会计师也不失为帮你出主意的好对象，多向他们请教，听听不同的声音。

与人讨论你的计划时，要给对方畅所欲言、尽量批评的机会。他们会提出许多问题，甚至指出你从未留心的地方，点出你看不见的机会。在这股动力驱使下，你必须一一找出答案，可以把眼光放得更远，做到未雨绸缪。

把你身边有智慧的人充分调动起来，形成一个智囊团，在你招兵买马、找智囊团成员之前，别忘了以下几点：这些人对你各有何帮助？这些人的才能与经历，能帮你什么忙？你如何回报他们与你合作的诚意和贡献？你的事业是否可以助他们实现他们的梦想？接受他们对你的批评与建议，必定会促使你认真检讨自己的计划，也强迫你思考。你必须让他们对你单刀直入、毫不留情。要是你针对他们所提的问题，无法找出合理的答案，你大概就有必要回到规划的阶段，重新思考一下你的方向。

有了智囊团之后，还要广泛接受大家的意见，多和不同的人聊聊你的构想。你接触的人际范围愈广，决心就会更坚定。多用点脑子来观察身边的事物，多用些时间来倾听各类的意见和评语，观察别人对你的做法有何反应。在这些与你聊过的人当中，你可以发现，谁愿意与你一路同行，谁又会扯你后腿。然后再对你身边的人进行选择，找到真正可以共同发展的伙伴。

用心去倾听每个人对你的构想计划的看法，是一种美德，它是一种虚怀若谷的表现。他们的意见，你不见得各个都赞同，但有些看法和心得，一定是你不曾想过、考虑过的。广纳意见，将有助于你迈向成功之路。

万一你碰上向你泼冷水的人，就算你不打算与他们再有牵扯，还是不妨想想他们不赞同你的原因是否很有道理？他们是否看见了你看不见的盲点？他们的理由和观点是否与你相左？他们是不是以偏见审视你的构想？问他们深入一点的问题，请他们解释反对你的原因，请他们给你一点建议，并中肯地接受。

还有一种人，他们对谁的梦想都会大肆批评，认为天下所有人的智商都不及他们。其实他们根本不了解你想做什么，只是一味认为你的构想一文不值、注定失败，连试都不用试。这种人为了夸大自己的能力，不惜把别人打入地狱。要是碰上这种人，别再浪费你宝贵的时间和精力苦苦向他们解释你的理想。他们不值得你关注，还是去寻找能够与你一同分享梦想的人吧。

第七章　关注生活联系实际

（一）　激发你灵感

涂鸦或是画画、记日记、画油画、弹奏乐器或是写歌、下象棋，跳棋，或是其他策略类的游戏。重新装饰你的房间，写一首诗，一个故事或是一篇小说，打网球，篮球，踢足球或是参加其他要求策略的体育活动。

在你的日常生活当中，你或许需要做各种各样的事情，它们都需要花时间，精力和资源。很多时候这些活动都需要一定的花费。针对每一项活动（当然是一次一项），你都可以用头脑风暴来想出如何用更少的时间，精力和资源来完成它，或者你怎样才能减少该项活动所需的费用。

只要简单的把几个活动串在一起，像是你的差事之类的，用更加有组织的方法来完成它们，你可能每天可以节约一个多小时。这样你就更加有效率也给你更多的时间去做你喜欢的事情了。

很有可能你并不能改变你生活的每个方面，但是只要简单的重新考虑你从事各项日常活动的方法，在家还是在工作场所或是在忙碌的时候，你都可以头脑风暴并运用各种方法让你的生活更加精彩，更加轻松也更加富有成效。

你会发现在日常生活中运用头脑的力量找到做事更好的方法是一件非常简单，有趣同时又是具有挑战的事情。然而，当你已经在潜意识里发展了创造性思考的能力之后，你面对难度更大，意义更加重要的挑战的时候，也会更加容易成功。

灵感是成功进行头脑风暴的关键因素。在你努力想出全新的激动人心的独创性点子，应用它们，并产生积极的结果的时候，你会需要一些灵感。你需要先在头脑里种下创意的种子，这样你的头脑才能够产生你一直在寻找的新创意。

学生，商人，主妇，教师，小说家，诗人，画家，音乐创作人，音乐家，或是另外一些创意人员都可以从很大范围的事情里得到启发。这些事情包括他们生活里发生的事件，他们看到的事情，闻到的气味，尝到的味道，听到的声音以及看到的图像。以艺术家为例，这就像是什么敲击了艺术家的头脑让他把某事件或是某个经验进行转变然后发展成某种表达形式最终形成全新的原创艺术作品。我会在第十章和第十一章通过不同职业的掌握了头脑风暴和创造性思维技巧的人的经历给你介绍一些实用的建议和信息。

除了你自己的知识和经验之外，你周围的人，你的梦想，渴望，以及目标也能给你激励。任何事情，每件事情都能激发创意。然而，你可以关注一下什么事情最能激发你的创造力。了解你的头脑运作机能可以让你在进行重要的头脑风暴活动的时候给自己创造一个最有利的环境。

如果你需要做一个创造性的，有效的销售演示来介绍你的公司。你可以完全都自己来做，从零开始。你也可以参照在你之前已经做了有效的销售演示的人，从他们那里获得灵感。你可以试着把他们的创意应用于你自己的演示之中也可以把他们的创意进行改进，而不需要全部从头做起。正如我们经常说的"造一辆车子不需要从发明轮子开始"。如果可能的话，你可以看以前别人做销售演示的录像。或许看到别的成功的人的行动会刺激你达成类似的结果并更好的利用你的创造力。你完全不需要害怕从别人那里学习，甚至去实施一个已经确定会成功的创意比你自己重新想一个创意会有更好的结果。

无论你什么时候，因为什么原因，需要进行头脑风暴，给自己创造一个有益于产生你想要的结果的环境。不同的人可以从不同的事物当中获得灵感也会在不同的环境下表现的更好，所以了解你自己知道你自己的头脑何种情况下运转的最好是非常重要的。

如果你在考虑某个特定的问题的时候，独自一个人坐在屋子里，放上莫扎特的音乐，周围点上蜡烛的效果最好，那就给自己创造一个那样的环境——或者是一个能让你放松并让你的头脑活跃的环境。你为创造一个让你的头脑风暴过程更加简单的环境所作的努力越多，结果就会越好。看看什么东西能给你带来灵感并确保你在使用创造力进行头脑风暴的过程中，这些激励物就在你的身边。确定是什么阻碍了你的创意

如今几乎每个人都过着繁忙而充满压力的生活。我们大多数人都超额工作却没有得到应得的报酬，甚至没有受到足够的赏识。而且当我们努力在家庭生活和职业生活之间寻求平衡的时候，却不断被要求提前超额完成工作。理所当然，就算在我们需要创意的时候，我们也常常不能处在一个创意的状态。当人们感到恐惧，压力太大，饥饿，疲惫，口渴，被迫，压抑或是他们一次考虑的事

情太多不能集中注意力于手头的任务的时候，他们就不会那么有
创造性。如果你开始感觉遇到头脑风暴障碍了，确定是什么原因
导致该障碍的产生以及能采取什么措施让你处于一个更好的精神
状态是一件非常重要的事情。

（二）是什么阻碍了创意

显然，在夏威夷海滩或是温泉度假区度过一个两周的假期能帮
助大部分觉得超负荷工作筋疲力尽的人恢复过来，但是我们也需
要现实一点。面对现实吧，你知道很多时候你都需要处理超强的
压力，赶上最后期限，还有满足不停的压迫你的上司。一旦你确
定了这些负面因素，你就可以用一种逻辑的态度更好地了解和处
理这些情况。这样这些因素就不能阻碍你的创造力的发挥了。

如果你感觉你的创造力以及工作成效受到了一定的阻碍，花点
时间找出最主要的原因是（或者会是）什么。有可能是你个人生
活当中发生的事情，像是跟伴侣或是孩子吵架，干扰了你的工作。
这个时候我们不能坐等不管是对自己还是对所处的情况的挫折感
一点一点累积，让情况变得更糟；而是应该列出一个清单看看是
什么干扰了你。然后给清单上的每一项都想出几个改进或是解决
的方法。问问自己下面的问题：是什么让我觉得烦心？它对我产
生了什么影响？为什么这个会有负面影响？我心理感觉如何？我
能马上采取什么措施来改变这种情况？

跟你所做的另外的事情一样，努力采取一个经过深思熟虑好好
组织的方法来改变这个情况清除头脑风暴障碍。如果可能的话，

不要依靠快速修补或是表面的治疗。如果你觉得筋疲力尽，不要马上用香烟或是酒精来让自己放松。这些方法可能能够暂时掩盖这些症状，但它们并不能解决根本的问题。

同样的，不要让情况愈演愈烈，直到失去控制。赶最后期限已经是够大的压力了。不要再剥夺自己睡眠或者是吃饭的时间，这只会让情况变得更加糟糕。就算你的时间真的非常的紧，如果你需要花10分钟出去走走，呼吸呼吸新鲜空气，清理一下头脑，千万不要吝啬这10分钟，它绝对是值得的。你不会无缘无故的遇到头脑风暴障碍的。只要你好好的审视自己的情况，你就会发现产生障碍的根本原因从而解决这个问题让你的创意重新充盈。克服创意障碍

正如有无数的原因会导致创意障碍的产生，同样也有无数种方法可以解决它。

成为一个创造性思考者意味着学会如何从不同的角度看待事物如问题，困难或是挑战，并想出那种不是那么显而易见，传统的直白的解决方法。换句话说，绝对不要给自己创造人为的设置障碍，也不要在创意进行仔细的评估之前就划掉那些所谓的"不好"的创意。有一些在一开始看起来非常遥远，不那么现实，怪异的想法最终可以改进为你所需要的解决方法，也就是能产生理想效果的创意。

（三） 打开心扉

从佛陀教导的十不善里面，我们知道杀生、偷窃、邪淫、饮

酒，乃至恶口、挑拨离间、绮语等等，这些对我们没有什么好处，人会因为这些变得非常痛苦。从人的生命发展过程中看，知道人生真的很苦，但一般人为什么不知道苦在哪里？因为无明。有了无明，我们就不知道人到底为什么而苦。许多人天天都在烦恼，烦恼工作不顺，烦恼钱财不够，烦恼家庭不和，烦恼小孩不听话，烦恼儿女不孝顺，就这么活在烦恼埋怨中……

但是，有没有想过：我们埋怨社会，埋怨学校，埋怨周边的人，埋怨一切事，可是很少有人埋怨自己啊！我们习惯性地认为错误都是别人造成的，只要发生错误就觉得是别人的过错，自己没有错；就因为认为自己没错，所以不甘愿！只要有人指出我们的错，我们就很不高兴；别人做得不对，我们也不高兴；自己做对了，但是别人不认同，我们更不高兴。有时候明知道别人的赞美不一定是真的，但自己听起来就是很舒服，对不对？有时候，我们想得到的东西，没有得到，就很不开心；一旦得到了，又怕失去。人就是这样害怕改变，自己却又善变。没有财产，就觉得拥有财产有多好；没有挡风遮雨的，就想到拥有一栋房子该有多好……延续下去，慢慢就会这样想："这些是生活的必需品，有了这些，我就有安全感。"问题是，一旦拥有之后，希望就开始增加了，变成"有两栋房子该有多好"，延伸到"最好美国也有一栋，加拿大也有一栋，世界各地都有一栋更好"。事实是，有那么多的房子，根本没办法同时去住嘛！这就是人的一种贪婪，真正想去住，也没有那个时间。

人想要的实在太多了，真正需要用的时刻却是少之又少。

拥有财物是不是个错误呢？不是的。一个人能够拥有，是他的福报，但重要的是要知道自己拥有多少、还可以拥有多少、能用到的又有多少。这样一仔细思考，会发觉人生真正需要用的财物并不多。你有一个挡风遮雨的地方，有一辆代步的车子，一日三餐吃得饱，其他就不是什么大问题了。可是，因为我们的贪婪心一直在作祟，所以老是觉得不快乐。一旦世面不景气，经济能力下降，跟以前相比较，就觉得"现在怎么这么惨"。但是，过去景气的时候，我们一日三餐吃得饱，现在不景气，照样还会吃得饱饱的。人一定要有最基本的经济能力，而如果过度贪婪执著，就会因为得不到而痛苦，这样发展下去的最终结果是不值得的。所以，有时候放轻松点，我们努力工作，拥有多少，就知足常乐吧！

如果一个人刚来新加坡，他一定觉得这里是天堂，但住了一段时间后，就不这么觉得了。因为住久了，就习惯了，习惯了也就不觉得有多美丽了！所以，人最需要改善的是学会珍惜拥有的福报。不论是你住的国家、社区，还是你的生命，都要珍惜。

我们要靠着共同的愿力，把心完全提升起来，才能让自己拥有一颗快乐的心。一般人好像觉得学了佛就要严肃得像木乃伊，对很多事都很消极地看待，其实不需要这样！学佛要学得快快乐乐的，不要学得愁眉苦脸。佛陀告诉我们轮回是苦，就是希望我们脱离痛苦，脱离烦恼！而要我们脱离烦恼，就是希望不要愁眉苦脸，高高兴兴地打开心胸，把狭隘的心放下！

（四）　正确的学习动机

人们从事某项活动总有其动机，即目的性。学生学习也是这样，有一个为什么而学的问题。有了正确、明了、强烈的学习动机，在学习过程中就会积极主动，刻苦勤奋，学习进程和成效必然显著。

南山和北山是相邻的两座山，山上各有一座大庙。两座山之间有一条小河，河水清冽甘甜，它养活着两座山上的和尚。

两个小和尚分别住在南山和北山上，他们都是新来的小和尚。主持给他们分配的第一项工作就是在每天的清早到山下的河里挑水。他们天天在河边相见，渐渐地熟悉起来。后来，每天挑水的时候他们就坐在河边的石头上聊一会天。久而久之，就成了朋友。两个都还是烂漫的孩子，他们一起在河边玩，打水漂，挖草根；一起说家乡门口的果园和山上的桃花；一起抱怨庙里的清规戒律，嘲笑他们因偷吃酒肉而被惩罚的师叔。也喜欢彼此夸耀自己庙里的方丈是如何如何了不起，说他们的学问是如何高深，说他们是如何有威望，不仅可以把寺院管理得井井有条，而且修炼极深，可以一眼看透事物的真相。

就这样，五年不知不觉就过去了，他们都长大了。有一天南山的和尚没有下山来挑水，北山的和尚心想："他大概睡过头了吧，这样日复一日的下山挑水也确实够无聊的了。我们都这样过了五年了。"他摇摇头，没太在意。叹了口气，就挑水上山去了。

整整一个月北山的和尚都没有见到他的朋友，他有点着急了。他想他的朋友大概是病了，他要去看看他。于是他就向主持请了一天假到南山去了。

南山很高，他走了半天才看见庙门。天近晌午了，他就先坐在一棵大树下歇息，远远看见一个和尚正在菜园子里浇菜，很像他的朋友，就走近前去看。一看没错，正是他的朋友。他觉得很不解，就好奇地问道："你已经一个月没下山挑水了，我以为你病了，原来你被派来种菜了。可是我也没有看见你们庙里的其他的人下山挑水，难道你们庙里的和尚都不用喝水了吗？还有，你怎么还会有水浇菜呢？"

朋友把他带到后院，指着一口井跟他说："那次我就跟你说，要是我们每天做完功课都用点时间挖一口井的话，我们就不用每天都下山挑水了。你却嫌麻烦，说每天挑水就挺好的了。这五年来，我不管多忙，每天都坚持挖这口井，现在终于挖出水了。"

北山的和尚回来之后就有点惭愧，但转念一想："用五年来挖一口井不是太麻烦了吗？我才不会花这么长时间去挖它呢！再说，他把井挖好以后，也只被分配去菜园子种菜，与挑水的工作不还是一样无趣吗？"

于是，北山的和尚继续他的工作，每天到山下挑水。只是现在河边就只剩他一个人了，他把水桶装满，一个人坐在水边的石头上歇息的时候会觉得有些寂寞，但很快就习惯了。

就这样又过了五十年。北山的和尚已经老了，挑不动水了，他被住持分配去做了个扫地僧。每当他回忆往事的时候，他总是想起他的小时候：家境贫困，揭不开锅，父母养不起那么多的孩子了，不得已才送他上山做了和尚。他觉得自己的命运真是不好。他常常想起他的朋友，想起他们一起在河边挑水聊天的情景。他想："他也是一个命运与自己相似的人呢。"他决定上南山看看他的朋友，一起聊聊小时候的事情，一起回忆一下刚来寺院时的那一段烂漫的时光。他想："那时候我们那么小，还怀有那么多的希望，常常可以想到美好的事情，尽管没有也不可能做到。"

于是他又去了一趟南山。南山很高，以他的年龄，爬这座山已经非常不容易了。一路上他看见很多年轻的和尚在练功劳作，这使他觉得，生命在世代不停地周转繁衍，而自己就要退出来了，他想这也许算是一种解脱吧。"这样的日子也确实没意思，生命是容易被这样消耗掉的。"

到了庙门跟前，他先去菜园子里找他的朋友，没见着。他想自己的朋友是不是已经过世了。他向那个浇园子的和尚打听他的朋友。和尚回答说："你是找我们方丈吗？到禅房去吧。"他连忙摇头解释说自己不找方丈。他想自己的朋友大概真是过世了，这些年幼的和尚都记不住他了。他忽然觉得非常伤感，在人的一生中，为了生存要做多少繁重无聊的工作啊。和尚尚且如此，就更不要说红尘中的人了。

他想还是去看看朋友的坟吧。于是他就向一个年老的和尚打听，老和尚把他引进了方丈的禅房。方丈是一个清癯的老和尚，精神矍铄。须发眉宇间都有股俊拔超脱的仙气，安静得很，慈祥得很。看得久了，又觉得像个孩子，能感觉到他那天真的情趣和烂漫的希望。北山的和尚吃了一惊，眼前的方丈正是那个和他一起在河边打水漂、挖草根的孩子。

方丈热情地接待了他的朋友。端水沏茶之后，他们一起谈论起这五十年来的生活。方丈细细点数了自己五十年来做过的每一件事情：挑水、种菜、扫地、擦洗桌椅、读书念经。每一件事情经他说起都是那么亲切，那么有趣，他把那些事情慢慢把玩，回忆并且摆放整齐。从他略显愉快的叙述中，你可以发现他喜爱这些事情。他说："有太多的事情值得我们去学习。用心去学，一切都会变得自然起来，然后我们也会因此而快乐起来。"

在他心里自己是幸运的。从小没有东西吃的时候他可以在寺庙里安下身来，然后长大，并且学习了很多很多的东西。他感谢一

切事物，感谢每一件细小的工作，并从中体悟出快乐。当他体会
到学习是快乐的事情以后，便觉得以前的自己是那么浅薄，而学
习又正好可以弥补他的浅薄。他读完藏经阁里的所有的书，便从
他亲历过的每一件细微的事情中，看清楚世间的一切。

后来他渐渐得道，师兄弟都非常敬佩他，师父就把方丈之位传
给了他。

他们还说起了那段挑水的日子，北山的和尚不住地叹息。那些
愿望、那些烂漫的日子都仿佛隔了久远的年代，落满灰尘了，他
讲述起来都更像是在说别人的事情了。多年以后，他早已被生活
弄得倦怠不堪了。南山的和尚却记得真切，在他这么多年的学习
以后，生活在他的面前开始愈加地清晰明了，他觉得每一件细小
的事情都能使他成长、使他快乐。

正是不断学习，不断的体悟让他得以圆满，得以均衡。

北山的和尚回到庙里，对许多小和尚说起了这件事情。每次说
完就一遍遍地嘱咐他们一定要好好学习，并且要喜欢学习。小和
尚听完后都会若有所思地坐一阵子，然后扬起小脸问道："那么，
师父，什么是学习？我们又为什么要学习呢？"

其实学习的原始意义就是：为适应外界和未来的生活，不断地
练习、积累的生存本领。

我国著名心理学家潘菽对人类的学习下了这样的定义：人的学
习是在社会实践中，以语言为中介，自觉地、积极主动地掌握社
会和个体的经验的过程。这个定义说明，人类的学习需要个人的
自觉行动，积极参与，主动获取；吸收的内容可以是知识，可以
是技能，也可以是智慧；学习的范围既可以是整个社会，也可以
是某个个体。你如果不自觉、不主动、不积极，你就不会产生学

习的行为。

学习就是一种会使你更快乐、生活质量更好、更有自尊、对社会贡献更大的一种素质提高的过程。人类的学习可看做是个体或群体为了弥补自身的缺陷（包括物质的与精神的、心理的和生理的）和适应环境而进行的旨在获取知识、经验或智慧的吸收过程。从微观角度看，学习是指个体为了自身的生存和发展，而愿意接收外界信息因子刺激人的神经功能因子（含功能性物质），引发微观生理性可逆反应（即言语信息转换），产生人类能接受的语言因子而被人脑所破译，并被相关功能因子储存和传递的过程。

正是由于你的学习，周围的世界才会让你感到熟悉，让你感到亲切。因此，学习是帮助你认识社会、认识世界、认识未来的助手；有了学习的帮助，你就不会在自己的成长道路上束手无策，你就不会面对成长的十字路口而一脸茫然。

（五）兴趣是最好的老师

李远哲从小就喜欢手工，有时接连几天做一种自己也说不上用途的工具。他上中学的时候，他把这种对手工制作的兴趣转到了化学实验上。李远哲和一个同学一起建立了自己的实验室，放学回来就一头扎进实验室，他们实验的内容完全是按照兴趣定的。这个阶段可能是测量土壤的酸碱度，下个阶段可能就是提取或者合成某种化合物。但是当时父母给他的钱只够他购买实验最基本的设备和试剂，如果他想做"奢侈"一点的实验，就没有钱去购买化学品和仪器了。

那时功课很紧，他也不想浪费时间去打工，只好把筹钱的主意打在自己的早餐费和午餐费上。为了买实验用的化学品和器具，他不得不克扣自己的早餐费和午餐费，有时甚至不吃早餐。可问题是，化学品好像老不禁用，做几次就没了。一直不吃早餐的李远哲渐渐地消瘦下来，胃也开始犯毛病，妈妈及时地发现了他身体的变化。

一天，李远哲兴冲冲地买了化学品回来准备做实验，发现妈妈在实验室门口等他。妈妈看了看他手里的化学品，轻轻地问："你这几天胃老不舒服是怎么回事？大哥说你经常把早餐费和午餐费省下来买实验用品，是吗？"李远哲怕妈妈担心，连忙否认。妈妈叹了口气，说："傻儿子，别说谎了，你看你手里拿着的试剂，它的价格不是你们小孩子能承受的。"见自己的谎言被戳穿，李远哲低下了头。

妈妈摸着儿子的头说："都怪我们太粗心了，这样把身体搞坏了多不值得啊！以后餐费再给你增加一倍，你节省着用，一定要记得吃早饭。"

也正是这种对化学近乎痴迷的兴趣，使得李远哲在化学领域不断地深入钻研，并最终获得诺贝尔化学奖。

兴趣是一个人求知的起点，是探寻真理的原动力，它可以使人产生无穷的力量，可以使人集中精力去获取知识，展开创造性的工作。大科学家爱因斯坦曾说过："兴趣是好的老师。"对学习产生了浓厚的兴趣，才会积极主动地去探求知识。如果对学习没有兴趣，把学习看成是一种负担、一件苦差事，自然就不会有好的学习效果。只有不断地发现兴趣、培养兴趣、创造兴趣，才会越学越有趣，越学越优秀。

　　哈佛教授、著名的哲学家诺齐克上中学的时候就对哲学产生了十分浓厚的兴趣，从此便痴迷于哲学的学习，他将主流的哲学分析方法运用于探讨自由社会的重大理论和问题，极其成功地实现了学术探讨与政治问题的有机结合，最终成为了 20 世纪最杰出的哲学家和思想家。

　　英国戏剧大师莎士比亚天生迷恋戏剧，对演戏充满浓厚的兴趣，在很短的时间里，他就掌握了丰富的戏剧知识。有一次，一位演员病了，剧院的老板就让他去替补，莎士比亚乐坏了，因为有强烈的兴趣，他只用了不到半天的时间，就把台词全背了下来，演得比之前的演员还好。演了一段时间的戏，莎士比亚便开始尝试写剧本，这些剧本上演后非常受观众欢迎，他也从此开始了戏剧文学的创作生涯，终于成为文艺复兴时期最伟大的戏剧作家。

　　兴趣能够使我们加深记忆，好记忆又会提高学习的兴趣，形成良性循环；反之，如果对某个学科厌烦，必定降低记忆力，以致学习受挫，形成恶性循环。所以，善于学习的人，一定也是善于培养兴趣的人。缺少兴趣的同学，学习往往缺乏积极性和主动性。哈佛心理学专家调查发现，学生如果对某一门功课不感兴趣，那他这门课的成绩一般都不会很好。不仅如此，缺乏兴趣的同学，往往也缺乏持之以恒的动力和坚持不懈的毅力。只有那些拥有强烈学习兴趣的人，才会产生对知识的渴求，并不断地探索，最终走向成功。

　　有浓厚的学习兴趣，能够让人们产生强烈的学习欲望，如饥似渴、勤勤恳恳地去读书学习，全身心地投入，聚精会神地钻研，时时刻刻去思考。如此，才能不断地进步，不断地取得成功，即使遇到困难、挫折，也能以顽强的毅力去克服。相反，如果对任何事物都不感兴趣，那么自己也必将成为一个庸人。古今中外，大凡在某方面做出成绩的人，除了勤奋、毅力和勇于创新的精神外，还有一个内在的共同点，就是对某种事物有浓厚的兴趣。

兴趣是人们对自己所从事的学习、工作或事业的酷爱，是一种神奇而又巨大的能量。

瑞典诺贝尔奖获得者塞尔玛从小对童话就特别感兴趣，她的生活里处处都能够见到童话的痕迹。

她的母亲是一个少言寡语、极其安静的人，但是对儿女的爱却一点都不少。在冬天的漫漫长夜里，母亲总会坐在暖暖的壁炉前，给孩子们读安徒生童话以及别的小说。

奶奶也是孩子们的一个童话来源。和母亲不同的是，奶奶从来不拿书，似乎故事就长在奶奶的肚子里。小塞尔玛似乎更喜欢听奶奶讲故事，奶奶的故事讲得绘声绘色，相比起来，母亲的故事则平淡得多。

小塞尔玛5岁时，奶奶去世了，她立刻感到了巨大的悲伤和失望：没有奶奶，以后谁还会给我讲故事。小塞尔玛的担心并没有成为现实——童话和美丽的传说仍然流淌在她的生活中。姑姑和邻居家的老奶奶代替了奶奶给孩子们讲故事，荒诞怪异的骑士，美丽可爱的天使……小塞尔玛继续在童话的世界里畅游。

在小塞尔玛刚刚认识很少字的时候，她就开始找书，她要亲自去体会童话世界的奥秘。她为童话世界里高贵的英雄所折服，她鄙视那些社会底层的流氓和无赖……看到高兴的时候她会呵呵地笑出声；看到主人公被人欺侮，她的小拳头便攥得紧紧的……在她幼小的心灵里，外面的世界就像书中展示的那样。

在她所读的童话中，有一本深深地影响了她，这就是《欧西欧拉》，这本书讲的是印第安人的故事。看完书以后，小塞尔玛暗下决心：以后一定要成为一个好作家，写出像这样的书来。从此以后，她更加如饥似渴地读书，她对什么书都感兴趣，几乎整天泡在书堆里。阅读的范围也日益广泛，不再仅读童话和小说之类的书籍。那时候，只要是能找得到的书，她拿来就读，充满着对知识的热切渴望，看不懂的就多看几遍。15岁的时候，她读完了家里所有的藏书。16岁的时候，她进行了大胆的尝试，创作了自己的第一首诗，从此开始了一个作家的生涯。她一生的著作十分丰富，最著名的是《骑鹅旅行记》，这也正是源自她童年时对童话强烈的兴趣。

兴趣的产生是十分微妙的，通常是受环境影响、家庭的熏陶，但更多人的兴趣似乎是自发的。同一父母养育的几个子女，环境和受教育程度相同，但兴趣却大不一样，这种例子在生活中比比皆是。更值得注意的是，有的人客观上缺乏成才的良好环境，但凭着兴趣竟然成为享有盛名的伟人，如2岁丧母，9岁丧父的托尔斯泰；7岁母亲去世，被父亲送到牧师家寄养的司汤达；自幼以棺材为床，生活艰难的安徒生；童年时父母相继亡故的但丁等，他们的成功都与兴趣有着密切的关系。可见，兴趣对我们的学习是多么的重要。

在学习的过程中，如果我们对某项学科十分感兴趣，就会用尽全力去搜集有关的知识，而往往我们知道的越多，疑问也越多，兴趣也将更加浓厚，对相关的知识也会更加渴望。这时候，学习起来也不会觉得枯燥乏味，相反会觉得十分有趣。

第八章　随时调整自己

（一）相信自己

　　如今，因学习陷入困境而感到苦闷的学生，为数不少。有一个重点学校的高中生在谈到自己的苦恼时写道："考上了市重点校，全家为我高兴。可是，高一第一次考试，我的成绩就落在后面，这些来自各地的尖子果然厉害，我下决心，一定要追上去。父母为了让我专心学习，什么事都替我做了，我心中十分感激，想用优异的成绩来报答父母，我学习更加勤奋、刻苦了。但是，期末考试的结果却令我大失所望，我仍然落在后面，为此心中十分难过。我难道真要成为后进生了吗？我该怎么办呢？"

　　这位高中生讲出了相当一部分学生的心里话。这些学生在还没有丧失学习信心之前，想通过采用"疲劳战"的办法来摆脱学习的困境。但是这种长时间、低效率的"疲劳战"，只能加速学习的恶性循环，渐渐地，他们走上了自暴自弃之路。

　　学习状态不良，是青少年常见的一种适应性障碍，大都是一惯性的心理失调。但由于直接影响学习，使学业不良，如不及时调适，会导致休学、留级，甚至由于厌学而辍学。拖延下去，严重的可发展为神经官能症。面对诸多困境，自暴自弃完全不可取。因为它是成功的头号天敌。海伦·凯勒，一个耳朵不能听、眼睛不能看、嘴巴不能说的女子，却成就了非凡的教育事业；罗斯福身残志坚，连任13年总统，成为一代典范政治家，他们之所以脱离自暴自弃，原因在于他们能够面对现实，不再花一分一秒的时间在责怪别人，埋怨上天、父母或自我控告上，他们让自己身上仅存的优点变成优势，并且发挥得淋漓尽致。他们在改变以后，都极虔诚地热爱生活，追求成功。青少年应该明白，学习中暂时的失利绝不意味着从此没有希望，自暴自弃更是于事无补，现在最要紧的是树立信心、抖擞精神，找到下一步努力的方向。

如果一个人在学习的过程中，背负着太多与学习无关的东西，反而会让这个学生垮掉。因为学习本身其实是一件很快乐的事。古人说，书中自有黄金屋，书中自有颜如玉，就是说学习本身可以给人带来一种非常快乐的享受。

学习的效率直接决定了学习的结果，所以我们要调动各种积极因素，把我们学习的效率提高。

一件本来能成功的事情，由于缺乏自信而不敢去做，说的就是这个道理。

在我们的一生中，几乎做每一件事情都会面临两堵墙的阻力。一堵是外显的墙，这是关于整个外部大环境的围墙，是来自外部的阻力，是客观存在的困难；另一堵是内隐的墙，这是我们自身在内心自我设限的围墙，在每个人的内心，这堵墙的厚度不同，这取决于我们怎么来看待。这两堵墙一直存在着，决胜的关键往往就在于我们内心里那一堵内隐的墙。当我们自信时，这堵内隐墙的阻力就变得弱小，甚至不存在了；当我们自卑时，内隐墙的力量就变得无比强大。

我们失败了，在很多时候，并不是因为我们技不如人，也不是我们不具备成功的实力，而是我们在内心默认了自己根本就不可能完成某项任务和实现某个目标，我们被这种看法囚禁了。这种看法被普遍地称做"囚笼看法"。

自信就是自己信得过自己，自己看得起自己。别人看得起自己，不如自己看得起自己。美国作家爱默生曾说："自信是成功的第一秘诀。"人们常常把自信比做发挥主观能动性的闸门，启动聪明才智的马达，这是很有道理的。多给自己一些自信是有益的，只要不是到盲目自大的地步就好。

相信自己能学会，相信自己能做好，以这样的心态去学习，你一定会更棒。

为达目标，有的人送礼求人，有的人求签拜佛，有的人靠自己奋斗。你一般做出何种选择呢？

英国著名评论家海斯利特曾说："低估自己者，必为别人所低估。"每个人的一生中都会遇到这样那样的困难，寻求别人的帮助虽然是人之常情，但毕竟不是长久之计。别人能帮你一时，但是能帮你一世吗？人的一生，关键时刻还是要靠自己。

依赖是人性的弱点之一，在这个世界上，有太多的人有着依赖思想。很多人是这样度过一生的，年幼时，是个长不大的孩子，事事依赖父母；成家后，一遇到麻烦事，就把问题抛给自己的另一半；在工作中，但凡遇到难题，就会把手伸向上司或同事，希望得到他们的帮助……

然而，长期地、过分地依赖他人，并不是一件幸运的事情，会使我们像吸食毒品一样形成依赖心理。当人对毒品有了依赖心理时，便开始堕落，甚至接近"完蛋"了。当我们事事依赖他人时，我们的思维就会慢慢老去，遇到困难就会感觉到自己没有能力应付，也不愿意自己找方法去克服，只是一味地期盼能得到别人的帮助，这样的人生是绝不可能辉煌的。

我们是命运的主人，我们应该做命运的主人，我们应该主宰自己的心灵，我们有能力改变自己，我们要为自己做决定。

有这么一个故事：

有个人遇到了难事，便去寺庙里求观音。走进庙里，才发现观音的像前也跪拜着一个人，那个人长得和观音一模一样，丝毫不差。

这人问："你是观音吗？"

那人答道："我正是观音。"

这人又问："那你为何还拜自己？"

观音笑道："我也遇到了难事，但我知道，求人不如求己。"

神的力量是强大的，但神告诉我们，自己才是最强大的，求人不如求己。一个人要想在社会上站稳脚跟，就必须以自立自强为核心，培养自我独立的精神。

人生而平等，对未来谁都无法确定，但能否取得成功的关键是相信自己。一个相信自己的人，可以把阴霾的天气变为万里晴空，可以在困境中反败为胜。

人的一生之中会得到许多，同时又会失去很多。在人生的道路上，当人们不断捡起属于自己的东西，扩充自己的装备，增加自己的财富时，就会很满足，很高兴，充满激情地向前走，因为我们相信前方还有更好的东西等着我们；然而当我们陷入人生道路的泥泞中，我们就会失望，自暴自弃，放弃努力，以致绝望，以为自己失去了所有。却忘了前面的道路还很长，还有更多更值得我们珍惜的东西在等着我们。我们不该绝望，如果绝望了，也就真的失去一切。

在俞敏洪的生命历程中，曾经三次跌进了人生的低谷，但是每一次挫折，对他来说都是一次锻炼，和进一步的希望。

第一个低谷是高考的失利。第一年参加高考，俞敏洪英语只考了 33 分，溃不成军；第二年高考，依旧名落孙山；第三年高考，才进入北大西语系。

三年的高考生涯，备尝酸甜苦辣咸，失败、努力、成功错综复杂地交织在一起，这样的滋味俞敏洪终生难忘。后来，他将"追求卓越，挑战极限，从绝望中寻找希望，人生终将辉煌"作为新东方的校训，以此鼓励广大学子：从绝望中寻找希望，在最沉重的现实中寻找最终的升华。

第二个低谷是留学的失败。上世纪 80 年代末，中国出现了留学热潮，俞敏洪的很多同学和朋友都相继出国，就在俞敏洪全力以赴为出国而奋斗时，动荡的 1989 年导致美国对中国紧缩留学政策。以后的两年，中国赴美留学人数大减，再加上俞敏洪在北大学习成绩并不算优秀，赴美留学的梦想在努力了三年半后付诸东流。

第三个低谷是被北大"踢出"门外。在留学失败之后，为了谋生，俞敏洪到北大外面兼课教书，因触犯北大的利益而被记过处分。那个时候，俞敏洪不得不离开北大，生命和前途似乎都到了暗无天日的地步。但正是这些折磨使他找到了生命中最大的一次机会：创办北京新东方学校。

俞敏洪说："一个人可以从生命的磨难和失败中成长，正像腐朽的土壤中可以生长鲜活的植物。土壤也许腐朽，但它可以为植物提供营养；失败固然可惜，但它可以磨炼我们的智慧和勇气，进而创造更多的机会。只有当我们能够以平和的心态面对失败和考验，我们才能成熟、收获。而那些失败和挫折，都将成为生命中的无价之宝，值得我们在记忆深处永远收藏。"

邵亦波的父母十分重视对孩子自信心的培养，在他很小的时候，他的父母就向他灌输这样的观点：无论做什么事情都要力争一流，永远走在别人前面，而不落后于人，"即使在坐公共汽车时，你也要永远坐在前排"。父亲从来不允许他说"我不行"。对年幼的孩子来说，父亲的要求可能太高了，但父亲的教育在以后的岁月里被证明是非常宝贵的。正是因为从小就受到父亲的"残酷"教育，才培养了邵亦波积极向上的决心和信心。无论是学习、生活或工作，他时时牢记父亲的教导，总是抱着一往无前的精神和必胜的自信，克服一切困难。

1991年，邵亦波被美国哈佛大学提前录取，并且是从高二直接进入哈佛大学，在校学习期间，他凭借着顽强的毅力和高度的自信，在3年内就完成了自己所学专业的全部课程。其实，邵亦波不光在学业上出类拔萃，在体育、音乐、演讲及其他方面也都是名列前茅。在高中时，他所在学校的校长评价他说："邵亦波无疑是我们建校以来最优秀的学生之一，他总是充满自信，每件事情都做得很出色。"

正因为如此，1999年，他谢绝美国各大咨询公司与金融投资银行巨头的聘请，回上海创办了易趣网，使易趣网居国内电子商务网站之首。凭借对自己的自信，他在电子商务网站大获成功，备受人们瞩目。

　　谁的一生没有几道坎儿呢？关键是你要跨过去。如果你先放弃了自己，那么全世界也就放弃了你；如果你找到了自己，全世界都会支持你。

　　有时候，人最可怕的不是内心生有邪恶，而是内心充满绝望。一个绝望的人，内心将一片死寂，眼睛所看到的只有黑暗，只有将绝望转化为希望的人，才能看到太阳再次升起。

　　相信自己，切勿自暴自弃。

　　罗斯福小时候是一个十分胆怯、没有自信的小男孩，他也自认为自己是世界上最不幸的孩子，因为他呼吸就好像喘大气一样，参差不齐且突出的牙齿，也使他十分沮丧。他很少与同学们游戏或玩耍，老师叫他回答问题时，他也总是低着头一言不发。在同学眼中，他是一个胆怯、懦弱的人。

　　有一年春天，罗斯福的父亲从邻居家要来了一些树苗，他想把它们栽在房前。他叫他的孩子们每人栽一棵。并且对孩子们说，谁栽的树苗长得最好，就给谁买一件最漂亮的礼物。罗斯福也想得到父亲的礼物，但看到兄妹们蹦蹦跳跳提水浇树的身影，不知怎么的，萌生出一种阴冷的想法：他对自己没有一点自信，并且希望自己栽的那棵树死掉。但过了几天，他惊奇地发现他种的那棵树不仅没有枯萎，而且还长出了几片新叶子，与兄妹们种的树相比，显得更嫩绿，更有生气。父亲兑现了他的诺言，为罗斯福买了一件他最喜欢的礼物，并对他说，从他栽的树来看，他长大后一定能成为一名出色的植物学家。晚上，罗斯福躺在床上睡不着，看着窗外那明亮皎洁的月光，忽然想起生物老师曾说过的"植物一般都在晚上生长"，何不去看看自己种的那棵小树？当他轻手轻脚来到院子里时，却看见父亲用勺子在向自己栽种的那棵树下泼洒着什么。顿时，他明白了一切，在向自己栽种的那棵树下泼洒着什么。原来父亲一直在偷偷地为自己栽种的那棵小树施肥，他返回房间，任凭泪水肆意地奔流……

几十年过去了，罗斯福虽然没有成为一名植物学家，但他却成了美国总统。事实上，他的父亲正是用这种方式，唤起了小罗斯福的勇气和信心，使他在后来面对各种困难时都勇敢地坚持了下来，并最终成为人们所敬仰的总统。

勇敢是人具有胆量的一种心理品质。正如歌德所言："你若失去了财产，你只失去了一点；你若失去了荣誉一你丢掉了许多；你若失去了勇敢，你就把一切都失掉了。"

几十年前，有一个小姑娘，父亲经常教导她：无论做什么事情都要力争一流，永远做在别人前面，而不落后于人。

在学习、生活和工作中，她时时牢记父亲的教导，总是抱着一往无前的精神和必胜的信念，尽自己最大努力克服一切困难，事事必争一流，以自己的行动实践着"永远坐在第一排"。

上大学时，学校要求 5 年的拉丁文课程，小姑娘凭着自己顽强的毅力和拼搏精神，硬是在 1 年内全部学完了。她不光是学业上出类拔萃，在体育、音乐、演讲及学校的其他活动方面也都一直走在前列，是学生中的佼佼者。

她就是 1979 年成为英国第一位女首相、雄踞政坛长达 11 年之久、被世界政坛誉为"铁娘子"的玛格丽特·撒切尔夫人。

"永远都要坐第一排"是一种积极的人生态度，它会激发出一往无前的勇气和争创一流的精神。

在人生的旅途中，要面临种种的困难和不幸，我们不仅需要勇敢克服各种困难，而且更要勇敢去争取成功。让孩子勇敢些，才能不断地靠近成功。

如今是一个充满竞争的时代，孩子也不可避免地要面对激烈的竞争，如果孩子面对的竞争过于激烈，并且在这种激烈的竞争中经常遭遇挫折和失败，孩子有可能会因此产生消极心理，变得害怕竞争、惧怕挫折。当他再次面对竞争陛场景和环境时，就可能产生心理上的"自我淘汰"，也就是因害怕挫折与失败，而在开展竞争性行为之前就先行自我淘汰，觉得自己不如人，肯定输，由于预料自己一定会输，就干脆不做任何努力了。这种自我淘汰心理是对孩子尤为有害的一种消极心理。

有些家长常常为自己的孩子懦弱退缩、缺乏勇气而焦急苦恼。这样的孩子往往表现出不思进取、胆小怕事、缺乏创新、优柔寡断等特征。交往中，沉默寡言、孤僻拘谨，往往屈从于别人的意志；生活中，态度消极，往往缩手缩脚、唯唯喏喏；学习上，不求奋力进取、力争上游，往往敷衍了事，容易满足。

国外流行着一种"狮子型教子法"。森林中百般险恶，连被誉为"森林之王"的狮子也不敢轻忽怠慢，即使是幼狮也不例外。刚出生不久的幼狮经常会被公狮推到石岩下，从跌倒的困境中想办法挣脱并找到爬上来的路。公狮或母狮即使看见幼狮遇到困难也都只远观而不干涉，只在面临生命危险时才伸出援手。

孩子其实也是如此，他们不可能一生都在父母的羽翼保护之下，最终他们还是要走向社会、独自面对问题。

（二）别放弃你心中的梦

梦想家是世界的救世主。因为我们生活的有形世界是由无形的力量所支撑的，因此尽管生活充满了考验、过失和肮脏的事物，但是人类仍然可以从孤独梦想家的美好幻想中得到滋养，从而对生活怀有美好的期望。人类不应该忘却他的梦想家，也不应该让他们的理想削弱直至破灭；人类总是生活在梦想家的理想之中，并把理想看作有朝一日能了解和预见的现实。

作家、雕塑家、画家、诗人、预言家、贤人，都是后世的创造者、天堂的建筑师。这个世界之所以绚丽多姿，就是因为有他们生活在这个世界；没有了他们，辛苦劳作的人类就没有锦绣前程，也必定走向毁灭。

拥有美好的梦想、心怀崇高信念的人，总有一天会实现自己的理想。哥伦布怀着梦想去发现新的大陆，随后他发现了美洲；哥白尼认为世界具有多样性、宇宙无限宽广，随后这个想法得以证实；佛祖构思出一个纯洁无瑕、完美无缺、平静详和的精神世界，最终他进入了这样一个世界。

珍惜你的梦想，珍惜你的理想吧！珍惜拨动你心弦的音乐，呵护在你的思想中形成的美丽，珍藏培育至纯思想的关爱吧！因为，它们将创造出愉快的境况、天堂般的环境。如果你勇敢梦想，勇于实践，就一定能建造一个无限美好的世界。

只要有了愿望，就会有获得；只要有了追求，就会有成就。既然人们最基本的愿望都能得到全面的满足，那么至纯至真的追求难道会得不到回报吗？不会的，因为这不符合自然规律，这种情形永远不会发生："有需求就会有回报。"

现在就构思你崇高的梦想吧！你的梦想就是对将来你所处境况的承诺；你的理想，就是对你最终归宿的预言。

最伟大的成就，最初都来源于梦想。橡树在橡树果子中沉睡；小鸟在蛋壳中等待；在心灵的至高梦想中，醒来的天使起身相迎。梦想孕育于在人们的心中，它是现实的秧苗。

你可能一直生活得不如意，然而如果你能够树立坚定的理想，并且努力去实现它，有可能你会在最短的时间内改变自己的处境。千万要记住，胸无大志者，只能呆在原地，不去付出努力，你就不可能前进。

我们不妨讲讲一位辛苦劳作、家境贫寒的年轻人的故事，希望大家能够从他身上得到一些启发。

这位年轻人为了生存，整天在一个肮脏破败的车间长时间工作。他没有受过正规的学校教育，缺少高雅的艺术细胞以及优雅的气质。但是他从来不曾放弃，总是梦想着自己有一个光辉灿烂的明天。他渴望知识，渴望艺术，幻想着高雅和美丽，在内心深处，他为自己勾勒着理想生活的蓝图。他的思维一直在广阔的天地中自由驰骋，敦促他采取行动。于是，他利用所有的业余时间，发掘自己潜在的力量与才华。很快，他的思想发生了巨大转变，小小的车间再也不能束缚他了。他像扔掉旧衣服一样，抛弃了与自己的思维不和谐的思想。随着机会的增多，他潜在的能力也得到了不断增强，最终被广泛的施展。几年过去了，当我再次见到这位年轻人，他的成熟显而易见。我感觉到他成为自己精神力量的主宰，他能够很好地利用这种力量来施展自己的才能，发挥无敌的能量，为实现理想服务。他已经开始肩负起重大的责任，语气中流露出自豪，他说他的生活彻底改变了。周围的人都喜欢听他讲话，听他宣传他的思想，然后借鉴过来重新塑造成自己的品格。他就像一轮太阳，是众人瞩目的焦点，无数人的命运因他而改变。他实现了年轻时候的梦想，成为一位有远大抱负的人。

年轻的读者，你的内心也应该有梦想，不管这些梦想是卑俗的，或是美好的，或者二者兼而有之，都争取把心思全部放在你心底最喜欢的事情上面吧！你最终收获的，就是你自己思想的成果。你将得到你努力去争取的东西，既不会多也不会少。无论你目前所处的境况如何，你都会随着你的思想、或是成功或是失败，或是停留在二者之间。如果被欲望左右，那么你将变得卑微；如果能够控制自己的渴望，那么你就会变得伟大。

没有思想的人、无知的人、懒惰的人，都只注重事物的表面现象，只会满口谈论着运气、天命及机遇，而无法看透事情内在的本质。

看到有人发财致富，他们便说："他是多么的幸运呀！"发现别人知识渊博，他们就会惊呼："这人天分真好！"注意到别人的高尚品质以及广泛的影响力时，他们就会议论："这人碰到的机遇总是那样好！"他们并没有看到，这些人为了实现自己的目标，经受了失败的考验，经历了各种挫折；他们也不明白，不付出巨大的牺牲，没有必胜的信念，不克服重重的困难，是根本无法把梦想变成现实，也无法取得目前的成就的。他们对黑暗与痛苦视而不见，只注意到光亮与欢乐，并把它称为"幸运"。他们并没有看到漫长而艰辛的历程，只盯着令人羡慕的最终结果，并且把它称为"好命"；他们并不懂得过程，只看到了结果，并把它称为"机缘"。

任何人都必须经过努力，才会换来收获。一个人付出多少努力，就能得到多少结果。才华、力量、物质财富、知识财富以及精神财富的获得，都是靠努力得来的，它们表现在已经体现出来的思想、已经达到的目标、已经实现的理想上。机遇是不会垂青那些毫无准备的人的。

贝聿铭的家族有六百多年历史，他的祖父是一位书法家，母亲是一位颇有成就的书法家、诗人、音乐家。所以他的家庭极具艺术氛围。

贝聿铭的母亲去世后，父亲对小贝聿铭的学习抓得很紧，很关心他将来想做什么。父亲常常告诉他："教育是人生最重要的，只要你有意在学业上深造，我就支持到底。"父亲并不富有，但他有条件在这方面支援他的孩子。

不过，那个时候的小贝聿铭也不知将来会做什么。周末没有什么事做，他就会打弹子。

1934年，也就是在他17岁的那一年，在他家附近有一座大楼破土动工了。这座大楼据说要建26层，并宣称将成为"远东第一高楼"。

他不敢相信这是真的，所以每周六都要去看它。最终，大楼像变魔术一般拔地而起，叫"国际饭店"。

他深深地沉醉在这个神话般的奇迹中，与此同时，一个自己也要建造一座和国际饭店一样高的大楼的梦想从他的心中萌生。

中学毕业时，银行家父亲给了贝聿铭两个选择，一是从事金融业，二是去学医。无疑，这是两条前途光明的道路，但他对这些都不感兴趣，因为他心中最向往的就是建一座像国际饭店那样的高楼。

父亲对他的理想虽然有些意外，但最后还是同意了他的选择，送他到美国去学他所喜爱的建筑学，最终学业有成。倘若贝聿铭父亲强迫他学医，那很可能世界上多了一位庸医，却少了一名杰出的建筑艺术家。

（三）保持好的学习节奏

拳头，直接放在桌子上，再怎么往下压也产生不了多大的力量，但要是把它举起来，再往下砸，这个冲击力就出来了。所以生活和学习中，一定要讲究一种节奏。因为有了节奏，才有了力量；有了力量，才有了效率。

你可以长时间地不学习，但是你学习的每分每秒都必须是高效的。青少年都喜欢玩，这是一种天性，但学习是要求静下心来的，这一关系需要处理好。做到这一点，动静结合，你的生活就会因此充满着欢乐和激情。比如说想出去踢球，你就尽情踢，踢得汗流浃背；你想听音乐，就纵情地听，陶醉在音乐的情境中。但是你要学习的时候，就得把其他所有的东西都忘了。最忌讳的就是玩的时候想着学，学的时候想着玩，这就很难保证高效率。这不是单纯为了学习，而是为了养成一种有节奏的生活习惯。大家平常一定要有意识地训练自己，只要往课桌旁一坐，首先想到的是，排除一切杂念，全情投入到学习中，"四大皆空，全情投入"。这样训练下来，我们的生活就会实现一种高节奏。

我们在生活、学习的过程中，要注意劳逸结合。一个学生，已经学得头脑昏昏了，处在一种半睡眠的状态下，这个时候再学习，效率是非常低的，所以这时就不要较劲儿了。你想想一个人在半睡眠的状态下学两个小时，可能还不如头脑清醒的时候学一个小时。既然头晕脑涨了，就不妨出去呼吸呼吸新鲜空气，或者听一段比较振奋的音乐，或者干脆闭目养神，眯一会儿，精力好了再学。但是还要控制一个节奏，头脑昏昏沉沉，感觉累了，出去看一会儿电视吧，本来学了一个小时，想出来放松十分钟，结果看了两个小时，这就是不务正业了。我们交叉休息的目的，是为了保证有更好的精力来学习，你这一休息，跟电视机耗上了，那肯定不行。所以我们在学习的过程中，一定要保证学习的时候精力是充沛的，一旦感觉到迷迷糊糊，就安排一些相关的活动交叉进行，从而提升自己的学习效率。

有一句话叫：播种行为，收获习惯；播种习惯，收获性格；播种性格，收获成功。好习惯和成功之间，有着密不可分的关系。也许，优秀的人都走过这样的路，有三个阶段：第一个阶段，是追求优秀，看着那些好学生，挺让人羡慕的，于是自己也力求成为这种优秀学生的一员。第二个阶段，是达到优秀，在自己执著追求的过程中成为优秀。第三个阶段，就是习惯优秀，一旦达到优秀，虽然不一定总是停留在优秀这个平台上，有时候可能要退下来，但是你继续追求，后来优秀就变成了一种习惯。

古人造词，将"求"与"学"组合，其结果就是为中华五千年来的学者鸿儒们总结了一个很好的共同点，不学无以成才，不求无以为学。"求"字，可有两解，一为追求，就是要持之以恒、坚持不懈，如凿壁借光、牛角挂书。二为乞求，就是要放下面子，付出代价，如头悬梁、锥刺股、不耻下问。时至今日，物质生活得到极大丰富，教育公平已成为社会公平的主要内容，很多人开始将求学等同于上学，学习等同于受教育，非课堂不能学，无人教不去学的思维日渐成风。马太效应说：拥有的，还要加倍给他；没有的，连他现有的也要拿走，很形象的反应了当前社会的学习规律，新世纪的文盲就是指那些不想学、不去学、不会学的人。

书非借不能读，学不求不可得。在这个知识就是力量的时代，人的求知渴望空前绝后，但在这物欲横流的社会，白丁往来、丝竹乱耳，又难求陋室之清雅，在中庸思想的影响下，立志苦学的豪言壮语成就了语言的巨人，随波逐流的行为，决定了行动的矮子，此有个人学海泛舟之三思与大家共勉：

一思：明日复明日，借口何其多，学习待明日，今日又错过。

我们往往把学习和工作分而划之，以工学矛盾不可调和为借口自我安慰，以阿Q精神自我战胜为法宝逃避现实，以工作的成绩填充求知的空虚，"变化决定计划"成了习惯，学习的空间被不断压缩，积重难返，学习便成了一句口号。

二思：曲径通幽处，放弃过程享受，其结果也就功利、粗俗。

有的同志学习的动力取决于工作的压力，信奉现学现用出效率，表面上看将学习作为解决困难的"金钥匙"，但同样反映出其求知的动力不足，倘若工作顺利，少遇坎坷，那这把"金钥匙"也要被束之高阁。我们都听过范进中举的故事，"功名"二字使人如痴如醉，但也终让人疯疯癫癫。追思"伤仲永"的经历，追慕虚荣，尚是神童都落得"泯然众人矣"的下场，更况我辈乎？为学者，修身、齐家、治国、平天下，不以知识涵养自身，温养心灵，反而舍本而逐末，强调追名逐利，必将一事无成。

三思：学海遨游，以苦为舟，以自律为桨。

故人云：靡不有初，鲜克有终。在学习过程中，经常因为不自律，将自己加工成了半成品。学习如雨中行走，稍有不慎湿了一只鞋，最终的结果可能就是淋成"落汤鸡"，中国有句话说：有一就会有二，也许一次放纵，就会将几年甚至是几十年的良好习惯打破，再要恢复便要双倍或者更大的付出。求学是苦中寻乐，先苦后甜，相比直观的视觉冲击，感官享受，其吸引力要小的多，所以，对待学习必须坚持始终，不能容忍偶尔。学习是十分艰苦的一件事，但不要轻易放弃，只有坚持下来，才能有所收获。

　　古往今来，一切取得突出成绩的人，没有一个是面对困难时退缩的。

　　"告诉你我达到目标的秘密吧，我唯一的力量就是我的坚持精神。"这是法国著名学者巴斯德在回答青年们提出的问题时说的一句话。他的话包含一个真理：任何一件事情的成功，都要有百折不挠和坚持到底的精神，学习也不例外。古今中外，凡是获得重大成就的人，都具有坚持精神。数学家陈景润在攻克"哥德巴赫猜想"这个数学堡垒的过程中，不怕讽刺挖苦，忍受着疾病的痛苦，在工作条件很差的情况下，夜以继日地学习、钻研，仅他运算用掉的稿纸就有几麻袋，有个英国数学家称赞他在数学上"移动了群山"。

　　现代物理学之父爱因斯坦，为了科学研究，直到临终时还对家人说："你们去睡吧，我还要干一些事……"创立了"日心说"的伟大天文学家哥白尼何尝不是呢？他从小就勤奋学习，走遍世界各大洲就是为了收集"地心说"的证据。直到《天体运行论》这部巨著完成时，他虽然没能有机会再阅读一遍这部影响全人类的巨著，但他用坚持换来了后人的称赞和敬仰。

古时候有个叫江淹的人，从小很有天赋。很小的时候就写出了《恨赋》这种揭露当时黑暗统治的文章，后来，因为骄傲自满，他便停止了学习，等到意识到自己再也不能写出这么好的文章时，为时已晚，最终落了个"江郎才尽"的笑谈。

贵在坚持的道理虽不难懂，却不是人人都能做到的。在现实生活中，许多青少年学习时一开始决心很大，订了计划，可一碰到困难、挫折，就灰心动摇起来，往往半途而废。原因就是缺乏坚忍不拔的毅力和克服困难的顽强意志。任何事业的成功，都不可能一帆风顺，都会遇到各种意想不到的挫折和障碍，有时还难免会遭到失败，关键就在于要知难而进，不因失败而灰心，失望。英国著名哲学家罗素说过："伟大的事业是根源于坚忍不拔地工作，以全副的精神去从事，不避艰苦。"有了这种"不避艰苦"和"坚忍不拔"的精神，才能获得真知。

（四）突破自我

心理学家做过一个有趣的实验：他们把跳蚤放在桌上，一拍桌子，跳蚤迅即跳起，跳起高度均在其身高的 100 倍以上，堪称世界上跳得最高的动物。

紧接着，心理学家用一块玻璃盖住杯子，于是，跳蚤每次往上跳时，都因撞到玻璃而跳不出去。不久，心理学家把玻璃拿掉，结果，跳蚤再也不愿意跳了。

这就是著名的跳蚤实验！玻璃罩已经罩在了潜意识里，罩在了心灵上。行动的欲望和潜能被自己扼杀！科学家把这种现象叫做

"自我设限"。

在现实生活中，上述跳蚤的现象实际上是很多青少年人生的折射，那就是碰到一些困难，遭到外界的一些打击、责难、批评就开始慢慢丧失信心和勇气，甚至开始颓废起来。

在平时的学习中，你是否常将这几句话挂在口头："我记性不好"、"我不善于学习"、"我容易紧张"、"我肯定做不来"、"我绝对考不上北大、清华"……

"人"一旦加了个"口"字就成了"囚"，把自己完全束缚起来了。自我设限如同形影不离的杀手一样，当你想释放你的潜力的时候，它便出来大喝一声，让你退缩。每件事都不能发挥到极致，这样累积起来，你的成功概率会越来越小。

换句话说，你有多大的野心就可能有多大的成就，如果你没有野心，肯定不会有任何成就。

生活中，青少年朋友如何才能打破心中的玻璃罩呢？

1. 提高自己的期望。人生的远大目标，是由一个个小目标所累积的。你已经具备了自我制定目标并完成的能力，那么我们现在所要做的事，就是把这之前自我设限的那些低目标提高一些，每个小目标都提高一点点，人生将会提高一大截。2. 有愿望就尽全力去做。当有一个欲望的时候，你应该把80%的力气放在去做上，而不是过分地去想："我能不能成功"、"我以前真的没有经验"。这些想法会直接左右你的行动，它们是自我设限的一种表现。在做任何事情之前做一个充分的规划，这个规划不要设定任何限制，而是想象一个美好的远景。任何远大的目标都需要细致和精准的计划支持。3. 停止说"不可能"。喜欢自我设限的你最爱说的话就是"不可能"，在做事情之前，你告诉自己"不可能完成"，结果你便真的没有完成，于是你更加相信自己一开始给自己设定的高度。从现在开始不要在做每件事情前面说"不可能"，大胆去做。即使你失败了，也应该觉得自己努力了并不遗憾，你比那些不敢去尝试和努力的人要强多了！学习也要适合自己的个性，不能强求一致。在学习中，每个人的个性各有其优势，不必羡慕别人，别人的方法未必适合你。丰富而自由的个性也是一个社会之所以具有丰富创造力的根本原因，没有个性的存在，没有个性表现的自由，就不会有创造力。

奥地利著名物理学家泡利出生于维也纳一位医学博士的家庭里。从童年时代他就受到科学的熏陶，在中学时就自修物理学。关于不相容原理的发现，泡利在他获得诺贝尔奖后的演说中讲到，不相容原理发现的历史可以追溯到他在慕尼黑的学生时代。在维也纳读中学时，他就掌握了经典物理学和相对论的知识。

可见，泡利是一个智力非常发达，并且有独特气质和个性的人，他能够运用最适合自己的学习方法，把聪明才智充分发挥出来。所以，他是很难按部就班地学习的。

1918 年中学毕业后，泡利带着父亲的介绍信到慕尼黑大学访问著名物理学家索末菲，要求不上大学而直接做索末菲的研究生。索末菲没有拒绝，但还是有些不放心，但不久就发现泡利的才能果然不凡，于是泡利就成为慕尼黑大学最年轻的研究生。

很快，泡利便初露锋芒。他发表了第一篇论文，是关于引力场中能量分量的问题。1919 年，泡利在两篇论文中指出韦耳引力理论中的一个错误，并以批判的角度评论韦耳的理论。其立论之明确、思考之成熟，令人惊讶，很难相信这是出自一个不满 20 岁的青年之手。

从此，他一举成名了。泡利的求学之路是跳跃式的，这与他与生俱来的天赋和个性化的学习是密不可分、息息相关的。

　　个性化学习能使学习者"见人所未曾见"，"道人所未曾道"。个性是一个人创新精神的基础，个性化学习有助于学习者在学习中不断推陈出新。社会不需要生搬硬套、按部就班的人才，也不需要学习的奴隶，需要的是有自信、有理想、有创新、有个性的高素质人才。

　　最高效的学习既要符合学习对象的特征，又要符合学习者的个性特征，对这两者的把握就成为提高学习效率的前提和提高学习能力的诀窍。学习者只有努力释放自己的个性，不做学习的奴隶，才能不断提高自己的学习能力。在信息时代人才成长的目标模式中，个睦化学习这个新概念已经引起世界各国越来越广泛的重视，而且将会成为评价人才综合素质的一项重要指标。

　　每个学生都是独一无二的，每个学生都带着自己的经验背景，带着自己的独特感受来到课堂交流，每个人也都显示出独特的认识特征。有的喜欢静思默想，有的喜欢发表见解，有的喜欢在表演中体验个性化理解，有的则让想象驰骋万里……只要每个人都能够在自己感兴趣的领域中体验到获得技能的乐趣，何乐而不为呢？教育心理学研究表明："人在心情愉快、精神放松的状态下学习，能有效地提高学习效率，人自身的潜能也可以得到充分的开发。"

（五）养成好习惯

当亚当斯还是一个顽童时，农场主兼皮匠的父亲就教他识字。6 岁时，他被送入村中的小学读书，这时候亚当斯是个贪玩的学生。他只喜欢算术、阅读等科目，对拉丁文不感兴趣，成绩很差。他的父亲非常担心。

老亚当斯耐心地再三劝说儿子，要他专心读书，可亚当斯依旧如故。

"将来你想干什么？"一天，老亚当斯生气地问。

"当农场主。" 10 岁的亚当斯果断地说。

"我将让你看看，当农场主是怎么一回事，"老亚当斯说，"明天早晨你和我一起去彭尼渡口，帮助我锄杂草。"

第二天清早，父子俩就出发了，沿着小河整整工作了一天。晚上，浑身是泥的亚当斯疲惫地回到家中，他脸上的表情表明他对农场工作的热情已经消退了。

除了让儿子学习，父亲在勤奋与正直方面都为少年亚当斯做出了榜样。

老亚当斯常在土地上辛勤劳作，到了冬天他就用手工制作鞋子、马具等皮革商品。做市政委员时，他以察看镇上的穷人是否受到照料为自己的责任，甚至在妻子的责骂下，还是养成了将穷苦儿童带回家来的习惯。所有这一切，都深深地影响了小亚当斯。

16 岁时，亚当斯考入了哈佛学院。

在哈佛，亚当斯最喜欢数学和哲学。哈佛的 4 年，转变了他的

学习态

　　他在自传中说："我很快发觉自己的好奇心越来越大，并且热爱书籍、爱好学习。这驱散了我对运动的全部嗜好，甚至打消了我与女士们交往的兴趣。"当时，亚当斯还加入了一个朗诵俱乐部，该俱乐部的成员们轮流朗诵一些新出版物、诗歌和剧作。朗诵需要一定的表演才能，而他的热诚表演常常获得热烈的掌声，这促使他开始考虑充当专事出庭辩护律师。

　　拖延的倾向在青少年中很普遍。许多人把什么事都拖到最后一分钟才做，没有压力就不学，能不上课就不上，还要为自己的拖延编造理由，到了最后一分钟再"临时抱佛脚"，之后又因成绩不佳而沮丧。即使侥幸考试及格，也还是给自己带来痛苦。拖延的严重后果是学习成绩下降。

　　哈佛心理学家发现，很多习惯于拖拖拉拉的孩子可能把学习成绩差归因于拖延了，而不是因为自己能力差。无论如何，成绩不好毕竟是自己没有尽最大努力的结果。过分追求完美也会产生拖延的问题，因为如果对自己的期望值太高，你会发现很难着手做一件事。标准定得越高，达到期望目标就越困难，最后便会养成好高骛远的习惯。有些人对别人怎么看自己非常敏感，往往会因怕做不好丢脸而将事情拖着不做。

　　孩子在学习上的这种拖延，如果没有得到及时的纠正，久而久之就会形成一种不良的学习习惯，而且可能还会形成拖沓的性格，影响到将来的发展。

　　有些同学老是觉得自己天生不是学习的料。他们认为改变自己的学习能力就像改变自己的身高那样困难。他们认为自己完全没有学习的天赋，总觉得自己是个学习失败者，而其他人则比自己更加擅长于学习。或许，你对自己的学习也抱有上述想法。

你之所以会产生这样的想法，在很大程度上归功于自己在平时学习时没有良好的学习习惯。学习习惯的培养是最为关键的。

习惯是后天经过反复练习逐渐养成的较为稳定的不易改变的行为特征，即人在一定情境下自动地去进行某种行为的需要的特殊倾向。只有使某些行为方式达到自觉化的程度，人才有可能把意识精力集中地用在克服困难、创造性地完成任务等主要方面。当然，这里指的是良好的习惯。

良好的学习习惯，是学习活动顺利进行的保证。如果一个学生没有养成良好的学习习惯，这个学生的学习是不可想象的，学习成绩也一定不会好。实际上，学习习惯对学业成绩的影响是明显的，它是提高学习质量的诸多重要条件之一，是学会学习的一个重要指标。学会学习指个体在以往活动中学到的态度、习惯、方法、学习技能等综合因素经济运用到新的学习情境中，使学习变为容易的能力。学习习惯到底有多大魔力？

良好学习习惯的养成，有利于建立稳固的生理和心理的"动力定型"。长期有规律地安排学习的人，便可以养成良好的学习习惯。这种良好的学习习惯的形成，至少有三个方面的好处：

一、从人体生理角度讲，通过生物钟、通过条件反射自动提醒你去做该做的事。比如每天早晨及时起床去上课；上课铃声一响自觉回到教室；放学回家自动完成作业。这些事情，对于一个有良好习惯的人来说，几乎都是靠生物钟、靠条件反射来自动控制的。而没有养成这些习惯的人来做这些事情，就不来自动控制的。而没有养成这些习惯的人来做这些事情，就不能从容应付，显得手忙脚乱，甚至丢三落四，达不到理想状态。

　　二、从心理角度讲，它可以发挥下意识的作用。下意识的特点是直接受习惯的支配。英国首相撒切尔夫人在谈及习惯时说："生活的秘诀实际上在于把90%的生活变成习惯，这样你就可以习惯成自然了。毕竟你想都不用想就去刷牙，这是习惯。"撒切尔所说的"想都不用想"，实际上就是受习惯支配着的下意识在发挥作用。这在我们普通人的生活中也是多有体现的。同样道理，一个具有良好学习习惯的人，他的下意识会随时随地支配他按照平时习惯了的套路做那些与学习相关的事，使之在不知不觉中，事情做得轻轻松松，有条有理。

　　三、良好的学习习惯的养成还可以调动潜意识为学习服务。潜意识的特点是直接受人的情感和需要支配，受情景因素的影响。很多学生都有这样的体验：他非常清楚地知道贪玩不利于学习，可是往往还是克制不住自己。这实际就是潜意识在支配他，在他的潜意识里有一种强烈的贪玩的欲望，即使他拼命压制自己玩耍的欲望，也很难真正静下心来学习。

　　相反，一个养成了良好学习习惯的人，他对学习有一种亲合心理，学习变成了一种需要，学习当成了一种乐趣，不学习便难受。一些科学家、文学家、艺术家之所以能在休息的时候，甚至在睡眠的时候产生灵感，那并不是一种巧合一种运气，而是因为他的潜意识与外界刺激，与自己不懈寻觅、孜孜以求、长期探索的问题之间保持着必然联系。如俄国化学家门捷列夫在梦中看见他日思夜想的元素周期表，就是因为他具有这方面的潜意识。这说明潜意识的作用何其之大，这也是良好的学习习惯的魔力！

　　国内外教学研究统计资料表明，对于绝大多数学生来说，学习成绩的好坏，20%与智力因素相关，80%与非智力因素相关。而在信心、意志、习惯、兴趣、性格等主要非智力因素中，习惯又占有重要位置。古今中外在学术上有所建树者，无一不具有良好的学习习惯。

学习习惯对学生学习成绩的提高，主要起到如下作用：

首先，学习习惯是提高学习效益的重要条件。培养学生形成良好的学习习惯，是保证学习高效率具体操作方式。学习缺乏效率，学习活动就不能有效地形成结构化的智力活动和知识结构，就不可能有高质量的学习。

其次，学习习惯有利于学习策略的形成，激发学生学习的积极性和主动性。著名教育家珀金斯认为，培养运用策略性知识的能力是学校教育的重点之一。策略性知识的能力包括学习的学习技能及运用各种学习方法的能力，而学习习惯是学生运用策略性知识的重要基础。从学习能力的角度说，学习习惯养成是带有根本性的学习策略。

最后，从学生心理发展过程来看，是否养成良好的学习习惯，会对学生的全面发展发生深刻的影响。在学习早期阶段，如果学习习惯在一定途径下得到顺利发展，并形成个体的一种需要，将会在以后的学习活动中发挥深刻的影响并成为导致学生在社会结构中位置分化重要条件。因此，从小培养学生形成融辑的肇习懦右卧千堂堆今后学习能力的提高。

从小培养良好的学习习惯

1978 年，75 位诺贝尔奖获得者在巴黎聚会。当时，有位记者问其中一位获奖者："你在哪所大学、哪所实验室里学到了你认为最重要的东西呢？"很多旁听者都以为这位德高望重的老教授会说出某个著名的大学或者实验室。

出乎意料的是，这位白发苍苍的学者回答说："是在幼儿园。"一旁非常吃惊的记者又问："那么您在幼儿园里学到了什么呢？"学者的回答还是出乎别人的意料之外："把自己的东西分一半给小伙伴们；不是自己的东西不要拿；东西要放整齐，饭前要洗手，午饭后要休息；做了错事要表示歉意；学习要多思考，要仔细观察大自然。从根本上说，我学到的全部东西就是这些。"

这位学者的回答并非谦言，这最意想不到的答案正是代表了与会科学家的普遍看法。他们认为终生所学到的最主要的东西，是幼儿园老师给他们培养的良好习惯。这说明了一个什么问题？请看下面这个案例。日本心理学家对小学四年级到高中三年级学生的学习习惯进行了调查，结果显示，学生的学习习惯的得分并不随年龄的增长而增加。

据此认为，学习习惯是在小学低年级就形成了，以后如果不给予特别的教育，形成的习惯难有多大改进。因此，尽早培养孩子良好的学习习惯是非常重要的。试想一棵带有枝枝权权又弯弯曲曲的小树，长大能直吗？孩子年龄越小，越容易养成良好的学习习惯，形成的良好习惯也越容易巩固住。不良的学习习惯发现得越早，也越容易纠正。正是基于这种认识，我们就要从小注意培养良好的学习习惯。中小学生正是身心发育的阶段，性格、习惯各方面正好定型，如何养成良好的学习习惯恰是当务之急。

13岁进人科技大学的少年大学生周峰，认为自己成功的秘诀就是从小养成了良好的学习习惯。周峰记英语单词，都是每天10个，即使走亲串友也从不间断，一年下来，3000个常用字记住了，3000个英语单词也记住了；记乘法口诀，是每天起床穿衣时妈妈教一句他学一句记一句。这是他量化的学习习惯。另外，周峰每天有固定的学习和休息时间，该学习的时候就一心一意地学习，该玩的时候就轻轻松松地玩儿，自觉性极强，从不需要别人提醒，更不需要别人强制；学习时总是全神贯注，思想从不开小差，略有走神，便立即作出调整，这是他专心致志的学习习惯。

由于习惯是人在较长时间内形成的规律性的行为方式，一旦形成便难以改变。长期有规律地安排学习的人，便可以养成良好的学习习惯。当一个人到了30岁才去考虑如何培养学习习惯的问题时，这个人很可能一辈子也不会养成良好的学习习惯。原因很简单，他在前三十年中养成的一些不良的学习习惯，是很难改变。试想，一个人如何去改变已经养成了三十年的习惯呢？

怎样养成良好的学习习惯？

在我们了解了养成良好习惯对学习的重要性和人的学习习惯的养成规律之后，让我们来看看应该怎么做才能养成良好的学习习惯，或者说养成良好的学习习惯又需要哪些步骤呢？

首先，要循序渐进，禁忌心浮气躁。良好的学习习惯既不能一朝一夕养成，也不能在短时间内一下子统统形成，要有耐心地付诸行动。在区分主次、难易之后，从实际出发，逐步提出具体的切实可行的要求，有计划地逐步扩展，然后按部就班地落实贯彻自己的计划，久而久之，便习惯成自然了。俗话说："有志者，立长志；无志者，常立志。"在这里，常立志的人就是那种很想好好做，但是做不好，于是朝三暮四的人。因此，要养成良好的学习习惯，第一步就要说到做到，坚定不移。就像背英语单词，计划每天要记20个单词，就要一天不落地去记，不给自己任何放松的理由，长此以往，每天20个单词就不再是一项强制性的任务，而变成了每日必做的功课。

另外，要学会在简单重复中培养良好的学习习惯。学习习惯是经过反复练习而形成的较为稳定的行为特征。

心理学家认为，人的习惯并不一定都是有意识训练的结果。许多习惯是在无意识的多次重复中慢慢形成的。从心理学角度说，这是一种条件反射的形成。

第二，要学会自我控制。在培养学习习惯的初期，在自制力还不够的情况下，应该控制自己的活动时间和空间，以达到约束自己行为的目的。因为人的行为本身，很大程度上受情景因素的影响。

比如，一个学生自己已经认识到滥看课外小说的危害，不想再将学习时间浪费在小说上。但是，很多学生下课或者放学时一经过出租小说的书屋就把握不住自己，神使鬼差地进去了。因此在时间上，从早上起床一直到晚上就寝，都要安排好有意义的学习内容和活动内容，按时学习，适时休息。在空间上，严格控制自己的活动范围，歌厅、舞厅、游戏厅、录像厅、台球室等游乐场所。

第三，一旦出现偏差，就要及时进行调整。中小学生多数自制力比较差，在好习惯形成过程中，或者在克服坏习惯过程中，容易出现反复、拖拉、敷衍、放任等现象。这就要求自己要严格监督自己，对自己易犯的错误时时警惕，及时发现偏差，及时做出调整。培养习惯，就像走路一样，决不能跟着感觉走，发现走的路线不对，要立即反应过来，调整到正确的轨道上去，久而久之，一条小路便踩出来了。

在习惯初步形成，逐渐进入顺其自然状态以后，就没有必要强制自己了。这时还需要注意两件事：一是要消除外部干扰，二是要排除内部故障。外部干扰主要是那些可能使你偏离甚至脱离轨道的引力，内部故障主要是受挫折时情绪不佳而放纵自己。

对付外部干扰有一种有效的办法，就是改变环境，转移注意力。当你的生活圈内有人向你施加不良引力时，你可以寻找理由暂时跳出这个圈子，消除不良引力，努力去做自己应该做的事情。排除内部故障的有效途径也是转移注意力。当你的内部发生故障时，如产生忧郁、悔恨、愤懑、迷恋、惋惜、忧伤等情绪波动时，你可以通过做具体的事情来转移注意力。

良好的学习习惯让人享用终生，不良的学习习惯容易引人入歧途。习惯是一种惯性的作用，也是一种能量的储蓄，拥有良好学习习惯的人，要比那种没形成良好习惯的人以及已有不良学习习惯的人具有更大的潜在能量。

第九章　博览群书

（一）会阅读是成功的砝码

梁实秋的父亲是位商人，他的家中有一个小小的图书室，梁实秋小时候便天天泡在里面，痴迷地沉浸在读书的快乐之中。他7岁开始读书，学习异常刻苦，各门学科的成绩都很出色，升级考试的成绩总是优良。但是他越来越感到仅教科书不能满足他的读书需要，家里的书也基本被他读完了。他常常把父亲给他的零用钱都买了书。就这样，梁实秋还是觉得读不够。

有一次，他听说市里的图书馆里有很多很多书。在那儿，你想看什么书，只要把书名写在纸片上，交给管理员，他马上就会把书拿给你看。这下，梁实秋可乐了。嗜书如命的他欣喜若狂地跑到图书馆，成了那儿的常客。

梁实秋读书，有个独特的习惯，就是凡读过的东西，都要在一张活页纸上认真地做读书笔记。然后，按照语言学、美学、算术学、几何学、心理学、史学、哲学等科目加以分类。这样，不论需要哪一种内容，都可以很快地找到。

如此长年累月地广泛读书，细水长流地做读书笔记，有条不紊地分类整理读书笔记，梁实秋的知识越来越丰富。后来，他进入哈佛大学读书，哈佛丰富的图书资料更让他欣喜若狂。他在哈佛大学潜心研究文学，并且积累了大量的资料，这为他以后成为著名的文学家创造了十分有利的条件。

全面广泛的阅读，是一个人走向成功的砝码之一。你得到了这个砝码，就意味着你通向成功的路上少了一道障碍。

毕业于哈佛大学的美国著名诗人艾略特从少年到晚年，从未间断过广泛的阅读。正是他的这种广泛阅读，造就了一位伟大的诗人。一个人能有意识地去全面阅读，就说明他对知识有着强烈的渴求欲望，这也是学习进步的体现。在对自己的知识储备不满足的情况下，应该根据自身情况来选择书籍。培养良好的全面阅读的习惯，将给你的成长带来无穷的益处，使你的头脑不断地得到充实。

读书学习有两个方面，除了学习知识外，更重要的是培养能力。知识不过是材料，培养能力比积累知识更为重要。

对于学习的人来说，想要大幅度地提高自己的能力，那么他所掌握的知识应该广博一点，所涉足的知识领域也应该尽量宽泛，这就需要全面地阅读。只有这样，才能扩大自己的知识面。比如，一个学习哲学的人，不能只看哲学方面的专业书籍，而是文史哲三方面的书都应该好好地看一看。比方说可以拟订这样一个学习计划：上午读一读叔本华的著作，下午就研究梁实秋的文学作品。有人一定会有疑问，既然主攻哲学，为什么还要读文史方面的书？答案其实很简单。哲学的缺点在于"空"，即不便于联系生活中的实际情况，抽象的概念比较多；而哲学的优点，就是站得比较高，能看到难以看到的一面。历史的弱点是"狭"，即往往对某一点的知识钻得很深很透，但对其他方面总以为和自己无关，因而不感兴趣，不大关心，但它的好处是钻得比较深。中文的缺点是"浅"，即学习缺乏深度，但好处是比较博杂，兴趣广泛。各自的利弊一指出，答案再明白不过了：只有广泛阅读，才能博采众长，达到触类旁通的效果，使自己的能力真正得到提高。

古今中外的名人志士，大凡都有着良好的全面读书的习惯，而且他们对书的需求，无论从数量还是从种类上看都是惊人的。

书有各种各样的，正如社会上有各种各样的人。读书如同交友，不是什么书都可以随便读。

哈佛有这样一个青年，他只用了5年时间就成了一位渊博的学者，他的读书信条是只读一流作家的一流作品，反复研读他们的代表作。比如在文学领域，当他用1年时间研读了莎士比亚、巴尔扎克、托尔斯泰、普鲁斯特、乔伊斯等大文豪的代表作品后，他自豪地说："这个世界的文学最高峰我总算攀登过了！"

事实上，要想与好书为友，真正地想读书，那么你一定要习惯从高位进入，强迫自己读优秀的名著。读书、做人，无不如此。

假如你一开始就习惯了低位，那么品位可能永远就那么低。就像唱歌，你一开始就给自己定了个低调，在演唱过程中，你突然转到高调上唱就比较难，也不可能唱得很好。读书时我们既要有所读，也要有所不读。有所读，是借鉴参考别人的智慧与思想；有所不读，是开发自己的头脑，独立思考，培养创造精神。一味读书，就会像叔本华所说的那样："思想被别人用襟带牵着走。"叔本华还特别强调："就我们的阅读而论，有所不读的艺术是十分重要的。"原因很简单：第一，我们需要思考的时间，不可一味地读，剥夺了独立思考；第二，书的确有好坏与有价值无价值之别，我们必须有所选择。

还是叔本华的话："与好书为友有一个条件，就是不读坏书，因为人生苦短，时间和精力都很有限。"言外之意也就是说，将有限的时间、精力用于读坏书了，读好书就一点空隙也没有了。

（二）认真做笔记

哈佛博士、著名经济学家萨谬尔森在谈到他的学习方法时说："在读书的过程中做笔记，已经成为我的习惯。"

在学习上取得重大成就的人物往往都有在读书时勤做笔记的好习惯。梁思成、赵元任等哈佛优等生都如此。

众所周知，费马大定理证明的艰难历程，充分说明了做读书笔记的重要性。在近代数学中有三大难题，它们是：四色地图问题、费马大定理和哥德巴赫猜想。而费马大定理的研究带动了数学的发展，被大数学家希尔伯特称赞为"一只会下金蛋的母鸡"。

费马是法国数学家，在他读古希腊数学家丢番图的《算术》时，研究了不定方程。他在这本《算术》的空白处用拉丁文写道："任何一个数的立方，不能分解成两个数的立方之和，任何一个数的四次方，不能分解成两个数的四次方之和。一般来说，不可能将一个高于二次方的幂分成两个同次的幂之和。我已经发现了这个断语的美妙证法，可惜这里空白太小，写不下。"

费马去世后，在1670年，他的儿子把这页笔记发表，人们才知道这个问题，把这一论断叫做费马大定理。可由于"写不下"，这个大定理的证法没有文字记录，结果，费马大定理的证明使世界上许多著名数学家殚精竭虑，有的甚至耗尽了毕生精力，直到三百多年后的 1995 年，43 岁的英国数学家维尔斯才证明了它，被认为是"20 世纪最重大的数学成就"，为此，维尔斯获得了 1995～1996 年度的沃尔夫数学奖。

可见，做读书笔记是何等重要。如果费马当时就把他那"美妙证法"记下，便使后人省了许多事。

学习单靠脑子记，可能记得不完全、不准确。即使记忆力非常好的人，也不可能进行长期大量的记忆。做笔记可以帮助记忆，起到延长对信息吸纳的作用。它要比单纯的阅读效果更好，因为加强反应就可以加强接受，加强相应的表现可以加强印象。一般说来，主动实践比观察总是要好的，这是被积极反应规律所证实的。在笔记上记下自己读书的感想、心得或疑问的过程，就是加强理解、加强印象、加强记忆的过程。

哈佛心理学专家曾经做过这样的实验：他们让智力基本等同的甲和乙两人一起听课，甲做笔记，乙不做，老师授完课一段时间后对他们进行考核。结果，甲同学答得非常不错，乙同学则漏洞百出。当记者采访他们时，甲说那些题目好像是他刚做过的；乙则表示，听课的时候心里很明白，但做题的时候心里却很不踏实。可见，"好记性不如烂笔头"这句话是很有道理的。因为学生在做笔记的时候，手、脑、眼并用，注意力高度集中，对所做的笔记印象较深，所谓"眼过千遍，不如手抄一遍"就是这个道理。

虽然，当前科技不断发展，复印机等可以代替手抄，可以大量节省时间又可存真，但是，手抄需要用脑的优点却不能用任何现代机器所代替，正像录音机虽然可以代替听讲时的记录，但仍需归纳整理和消化吸收才能成为你所掌握的知识一样。

　　真正的学习应该是快乐的学习，关键在于我们是否掌握了正确的方法，在读书时勤做笔记是相当好的读书方法。只要我们掌握了正确的读书方法，那么我们就不会再视读书为令人头痛的苦差使了，我们的知识也会在不断的阅读中丰富起来。

　　读书笔记是人们在读书时为帮助记忆而写的一种应用文体。自古以来，我国的文人、学者都很重视做读书笔记。做读书笔记既是消化书本知识的有效手段，又可以积累有用的材料，训练思维的逻辑性和条理性，提高分析问题和解决问题的能力。

　　钱钟书是中国著名学者、作家，被誉为"文化昆仑"。他一生著述很多，涵盖了文、史、哲、心理学等多门学科。藏书却很少，他的书斋中有两三个不大的书架，放着一些工具书和出版社、作者赠送给他的书籍。其中博览图书馆书籍时所作的大量的读书笔记发挥了重要作用。

　　钱钟书的读书笔记本很厚，有普通练习本的四倍，上面写得密密麻麻，有中文，也有英文，别人很难看懂。他每读一书，都做笔记，摘出精华，指出谬误，写下心得。他很珍视自己的读书笔记，"文革"期间，他曾被下放到河南"五七"干校劳动，行李箱里也忘不了放上几本字典、词典和读书笔记，一有空便反当似的阅读。他著书时，主要是参考读书笔记。

　　俗话说："好脑子不如烂笔头"，从某种意义上说，读书笔记是钱钟书攀上学术高峰的重要阶梯。钱钟书先生尚且如此，对于中学生来说，读书做笔记就更为必要了。

　　如果书是自己的，可随时在书的重点、难点和精彩之处画线或做各种符号，如直线、双线、圆圈、黑点、交叉、箭头、曲线、方框、疑问号、惊叹号，等等。有些精读的书，还可以用不同颜色的笔画线，以示区别。

读书做记号，简单、方便，又很有用，所以采取这种方法的人很多。但要切记，书上做记号不宜过多，如果整页都划满了线，点满了点，圈满了圈，把书上画得很乱，不但不能显出重点，反而会弄得你眼花缭乱。

1、摘录笔记

摘录笔记就是把书中的要点照抄下来。读书时，常常会碰到许多重要材料、重要论点，自己最为欣赏、感受最深的段落，以及名言警句等，为了便于复习或运用，就要依据自己的需要节省时间和篇幅，也可以简略地写清这段原文的意思，即缩写，然后在笔记本上做个索引，以备以后查考。

2、提要笔记

即看完一本书或一篇文章，对文中的某一观点、事件、情节或某一章节、定理等，进行分析、归纳，用自己的话把其内容、要点写出来。这不仅可备忘、备查，而且可训练你的综合、概括能力。列宁的哲学笔记，有很多就是采用的这种形式。如《黑格尔（逻辑学）一书摘要》，《亚里士多德＜形而上学＞一书摘要》等著作。而且他对摘录内容，还往往写出自己的意见、批评或注释，以及自己独创的符号和评注。比如"注意""说得对""辩证的精华"等提示性简明字样。明确地表明了列宁对某段论述的意见或批评。提要应力求简明扼要、脉络分明，最好以某一主线展开。如，历史可突出主要人物及其作用，重大事件及其影响。也可用列表法使其内容一目了然。

3、心得笔记

记下的是对某一问题思考的心得。如李贺的《史纲评要》，脂砚斋的《重评石头记》，皆是这样的著作。心得也可以是札记、体会。札记多为旁征博引，辩证考订；体会多为引申阐发、借题发挥。沈括的《梦溪笔谈》，茅盾的《读书札记》，马克思的《数学手稿》，就是用的这种方式。这是写笔记的一种高级形式，要求有更多的个人创见，难度也较大。但它却是创造的半成品或完善的精制短篇，一旦需要时，就可组织起来，使之成为有价值的作品。

（三）广泛学习

曾荫权小时候爱好十分广泛，他对什么知识都充满了强烈的好奇心。他很小就迷上了阅读。他不但爱读书，而且也爱收藏书，在他的小房子里，摆满了各种各样的书，他还对外语特别感兴趣。他幼年时的许多行为，使成年人都感到吃惊。他小时候经常坐在教堂里，静静地听牧师讲道，大人们不明白这个活泼好动的孩子，为什么能安静地坐着。人们总看见他在阅读圣经，走近一看才明白，原来小荫权看的不是中文版的圣经，而是英文版的。

进入哈佛后，他更加如饥似渴地阅读各方面的书籍，努力学习，使自己拥有了十分渊博的知识，这也为他后来能够出任行政长官打下了坚实的知识基础。学习就好像是一只带铁箍的木桶，只要有一根木板是短的，其蓄水量就会受到限制。在学习的过程中只有找出"最短的那块木板"是什么，集中精力和资源去解决这一薄弱环节，学习的整体效能才能明显提高，甚至跃上一个新台阶。

哈佛大学心理学博士奥尔波特说："妨碍我们在学习中发挥潜

能的最大天敌往往不是机会不佳，而是我们的恐惧心理。"比如你在某门课中有一两次成绩很低，因而对这门课产生了恐惧心理，在恐惧的支配下，逃避学这门课，从而无法发挥自己在这方面的潜能。日久天长，就会造成这门课的成绩越来越差，形成了偏科现象。

在学习中，有很多同学往往也有一块学习中的"短木板"，这严重地影响了他们的学习。偏科对于学生来说，是一个致命的弱点。如果偏科，就会在知识上产生缺陷，在学科方面出现"跛腿"现象。这样不但会影响整体的学习成绩，而且还会给以后的工作带来很大的不利。偏科还会影响其他学科的学习，因为各门学科是相互联系的，偏废哪一门课都会觉得不协调，正如人缺一只手或一条腿，就会觉得很不方便。

在学习时，每个人身上都有许多潜能，有的人有音乐方面的潜能，有的人有美术方面的潜能。好多害怕写作的同学往往一听到"写作"就害怕，总是一开始就否定自己，认为自己不是学写作的料，忽视自己的写作潜能。事实上，当你害怕做某事时，并不代表你就缺乏这方面的才能，而是你解决这方面问题的能力相对较弱。

我们在学习的过程中，一定要重视学习中的"木桶原理"，缺什么，补什么。也就是强项、弱项一起抓，巩固自己的优势学科，逐步弥补自己的不足，加强对知识的融会贯通。运用"木桶理论"，可以有效地提高学习效率。学习无处不在，只有学习能扩展我们的知识面。生活中的学习资源不仅仅是一些细枝末节，还包括很多生活中已被人熟视无睹的东西。学习过程中只要用心，就可以通过对这些事物的观察和探究，不断地增长见识，丰富自己的知识。

有这样一个笑话：古时候，在某地的大山沟里，有兄弟二人以打柴为生。有一天，兄弟俩一边磨斧头，一边闲聊。

弟："还是当皇帝好——皇帝砍柴用的斧头肯定都是金子的！"

兄："哎呀，我说弟弟，你怎么这样没见识——皇帝还用得着砍柴吗？皇帝一天到晚在皇宫里，净吃红薯蘸糖！"

这就是兄弟二人的"知"和"识"。我们也许会觉得很可笑，但这却启示了我们，知识贫乏是多么的可笑。

据科学界最新研究，"智能"的密码已被英国计算机专家汉特里克逊和他的妻子爱兰破解。

他们通过长期的研究和实验，发现人精确的记忆力、敏锐的理解力和活跃的想象力等一切反映智慧的能力，是由在脑神经元之间传递信息的能力所决定的，而信息传递所依赖的要素之一，是一种特殊的核糖核酸。这种物质，主要是在后天智力发育过程中不断激发而合成的。这就是靠学习、靠训练、靠实践、靠思考，一句话就是学习新知识。不断的新知就像计算机的逻辑电路一样，每增加一条线路，就成倍地增长"思路"，进而使大脑里的信息大量"增殖"，从而达到创新的目的。

所以说，我们的知识面越广，成绩就可能越优秀。在知识的山峰上站得越高，眼前展现的景色就越壮阔。一个人的知识越丰富，他去获取新的知识就越容易。

在学习中随着知识的增长，我们的思想也必须重新加以组合。这种变化通常总是伴随新定律的出现，并按照要求而发生的。

因此，知识面的大小决定了学习潜能的大小。正所谓"见多"才能"识广"，一个人的知识越丰富，他的联想才会越丰富，知识之间的组合也就越丰富，创新能力才会更强。

同时，当旧有的知识不能处理当前问题的时候，又会促使他去学习新的知识，这样，在不断的积累和创新中，就能够充分地释放出一个人的学习潜能。

在学习的过程中，我们要尽量全面地学习各科的知识，不断地充实自己的大脑，让自己有丰富的知识，可以为自己所用，这样的人，才是学习中的优秀者。

学习就应该有做杂家的决心。全面综合地学习，是不断提高学习效率的好方法，也是提升自己学习能力的最佳途径。

诺贝尔奖获得者拉姆塞就是一个全面学习的杂家，1913 年，他在化学学会国际会议上担任主席时，使全世界各地代表大为惊奇和愉快。他先讲英语，后讲法语，再讲德语，间或也用意大利语，无不流畅自如，从容清晰。

拉姆塞在学习的过程中，十分注重多看、多学、多研究的原则，并且身体力行。

1882 年，英国化学家、剑桥大学化学教授瑞利开始研究空气的成分，他经过极为精密的定分析发现，由氨制得的氮，总比由空气制得的氮轻 5/1000，反复研究不得其解。于是，他将这一研究事实，刊登在英国《自然界》刊物上，请读者解答，但没能得到满意的答复。

拉姆塞得知瑞利的研究以后，征得了瑞利的允许，也开始研究大气中氮的成分，并很快发现了惰性气体元素，从而获得了诺贝尔化学奖。

但是，拉姆塞并没有满足于已取得的成就，他始终秉承着自己全面综合学习的原则，从来没有停止过学习和研究。在晚年，他仍孜孜不倦地从事着放射学的研究，在这方面的贡献也很大。

英国政治哲学家以塞亚·柏林根据狐狸和刺猬不同的认知方式，将学习者分为两类：刺猬型和狐狸型。

狐狸型学习者追求的是知识的广度，追求"知道很多事情"。他们博览群书，提倡开卷有益，重视知识的量而往往忽略了知识间的联系，由于追求太多的知识而往往独立思考不够。换言之，狐狸型学者强调知识的量而忽略或者说顾不上质。

刺猬型学习者则相反，他们不追求知识的量而特别注重知识的质。他们往往追求知识的专而精，而不是扩大自己的知识面。

我们在学习时，也要先做狐狸，然后再当刺猬，也就是说，要先做杂家，再当专家。

怎样避免自己的知识面窄，而能像狐狸那样知道很多事情呢？办法只有一个：全面综合地学习。只有全面综合地学习，才可以使自己成为一个杂家，拥有别人所不能企及的广阔知识面，这将对我们的学习十分有益。

第十章 分秒必争

(一) 利用时间

如果每天都有 86400 元进入您的银行户头，而且必须当天用完，您会如何运用这笔钱，天下真有这样的好事吗？是的，您真的有这样一个户头，那就是"时间"。每天每一个人都会有新的 86400 秒进账。看起来很富有，假如一个人的寿命为 60 岁，那么一生时间中，睡觉要花掉 20 年，吃饭 6 年，穿衣和梳洗 5 年，生病 3 年，打电话 1 年，照镜子 70 天，部分女性除外，抹鼻涕 10 天，剩下的工作时间是多少呢？您又是怎样利用它们呢？哲学家伏尔泰说，最长的莫过于时间，因为它无穷无尽，最短的也莫过于时间，因为我们所有的计划都来不及完成。您是否有过这样的经历，某一天，您雄心勃勃地准备把手底下的事清理干净，可到头来却一事无成，也许每个人都曾有过这样的经历，但在某些人身上表现得格外明显。

人生时间表，假如一个人的寿命为 60 岁，那么他总共只有 21900 天。一生时间的用途分别为，睡觉 20 年、吃饭 6 年、穿衣和梳洗 5 年、1825 天、生病 3 年、1095 天、打电话 1 年、365 天、照镜子 70 天、抹鼻涕 10 天。最后只剩下 3205 天、即 8 年又 285 天。用来做有用的工作。

人生真的很苦短，如何找到时间浪费的原因在 8 年又 285 天的时间里。我们又做了哪些浪费时间的事情不妨问问自己以下四个问题 1、我做了什么根本不需要做的事 2、我做了什么能够由别人，并且应该由别人做的事 3、我做了什么耗时过长的事 4、我做了什么会浪费别人时间的事也许您很少或者没有做过以上那些事情但问题有时并不在事情本身看看自己是否也有这些浪费时间的习惯 1、做事目标不明确。2、作风拖拉。3、缺乏优先顺序抓不住重点。4、过于注重细节。5、做事有头无尾。6、没有条理不简洁，简单的事情复杂化。7、事必躬亲不懂得授权。8、不会拒绝别人的请求。9、消极思考。

人人都需要时间管理——项国际查表明，一个效率糟糕的人与一个高效的人工作效率相差可达 10 倍以上。时间管理可以帮助您把每一天、每一周甚至每个月的时间进行有效的合理安排。运用这些时间管理技巧帮您统筹时间对于每个人来说都是非常重要的。在时间管理中"计划组织"相对于其他技巧来说是最简单的一种。比如所有的时间管理建议都包括在一些表格当中，在表格中把您想要完成的任务填进去。对很多人来说，这是最简单和普通的了。当然，制表格和填表对一些人来说是有困难的。这是一个天分问题。

竺柯桢在气象学研究上的成功，有一个重要的秘诀，那就是善于管理自己的时间。竺柯桢二十几岁时就考入美国哈佛大学学习气象学。由于语言问题，他起初听课十分困难，有好多内容都听不明白。为了克服这一障碍，在紧张的学习之余，他开始疯狂地学习外语。由于没有太多的时间用于专门学习外语，他便想出了一个利用零散的时间学习外语的好办法，从此在学习间歇、上下课的路上，便可见到他背单词的身影。他巧妙地利用自己的每一分钟来学习外语，不到一学期，他便可以和同学流利地进行交流了。这也为他进一步的学习打下了有利的基础。

在哈佛学习时，他的兴趣十分广泛，很喜欢写作，对于民间艺术，特别是中国的传统艺术也有深切的爱好。也正因为他广泛涉猎，多方面学习，所以时间对他来说非常重要，他几乎视时间如生命。为了更好地节省时间，利用自己的每一分钟，他更注重有效地利用自己的零散时间进行气象实验研究。

生命是以时间为单位的，时间就是生命。学习是要用时间来完成的，浪费自己的时间等于慢性自杀。只有利用好自己身边的零散时间，才能不断地超越自我，实现学习上的飞跃。

哈佛心理学教授，美国发展心理学家杰罗姆·凯根说过："时间是在分秒之中积成的，善于利用每一分钟的人，才会做出更大的成绩。"

争取时间、善于利用时间才是我们高效学习的保证。所谓零散时间，主要是说学习的间歇、用餐时间、上学或放学路上的时间，等等。在零散时间里，基本上无法完成什么重要的事情。但我们如果因此将这些零散时间白白地浪费掉，那将是十分可惜的，而如果我们将零散的时间合理地运用到学习上，就可以节约很多学习的时间。

节约了时间，也就是延长了我们学习的生命，也就能掌握更多的知识。在学习阶段，大部分时间是在课堂和自习中度过的，能自由支配的时间很少，在这种情况下，更应学会利用零散时间。

比如，从家到学校 10 分钟的路程，记住一个英语单词绰绰有余。更重要的还不是记住了英语单词，而是养成了节约时间的良好习惯。只有懂得珍惜零散时间的人，才会真正珍惜大段时间。浪费时间跟浪费钱财一样，都是从小数目开始的。

善于利用零散时间的人，可用的时间就比别人多。除了"挤"时间，还要善于节省时间，比如一天当中，一定要先办最重要的事情；用大部分时间去处理最难、影响最大的事，等等。我们可以将自己每天的活动时间都详细地记录下来，从中发现哪些是被浪费掉的零散时间，然后选择适合的学习活动来配合。假设你每天都要坐半小时的公车去上学，就可以在路上进行英语听力练习，日积月累，英语听力肯定会大有长进。或者，在你每天上学或放学走路的时间里，背两三个英语单词、一首小诗或一个公式，一学期下来，你也会为自己的收获而惊讶。

著名美国作家杰克·伦敦的房间有一种独一无二的装饰品，那就是窗帘上、衣架上、柜橱上……到处贴满了各色各样的小纸条。杰克·伦敦非常偏爱这些纸条，几乎和它们形影不离。这些小纸条上面写满各种各样的文字：有美妙的词汇，有生动的比喻，有五花八门的资料。

杰克·伦敦从来都不愿让时间白白地从他眼皮底下溜过去。睡觉前，他默念着贴在床头的小纸条；第二天早晨一觉醒来，他一边穿衣，一边读着墙上的小纸条；刮脸时，镜子上的小纸条为他提供了方便；在踱步、休息时，他可以到处找到启发创作灵感的语汇和资料。不仅在家里是这样，外出的时候，杰克·伦敦也不轻易放过闲暇的一分一秒。出门时，他早已把小纸条装在衣袋里，随时掏出来看一看、想一想。

1904 年，正当年轻的爱因斯坦潜心于研究的时候，他的儿子出生了，于是，在家里，他常常左手抱儿子，右手做运算。在街上，他也是一边推着婴儿车，一边思考着他的研究课题。妻儿熟睡了，他还到屋外点灯撰写论文。爱因斯坦就是这样充分利用零碎时间，通过日积月累，一年中完成了四篇重要的论文，引起了物理学领域的一场革命。

鲁迅先生说过："我把别人喝咖啡的时间都用到读书和学习上。"他几十年如一日，从不浪费一分一秒，为我们留下了七百多万字的著作。就在他重病缠身的日子里，还在抓紧时间工作和学习，在逝世的前一天，还写了他最后的一篇作品《因太炎先生而想起的二三事》，真是惜时到了生命的最后一息。

另外，利用零散时间的时候，要有一种积极的心态，不要心想"只有 5 分钟，什么也做不成"，而要告诉自己"还有 5 分钟，要充分利用它"。

大发明家爱迪生在 79 岁时，曾经对朋友说他已经是 158 岁的老人了，因为他经常一天做两天的工作。当然，这并不是说我们要将一切的零散时间都用来学习，事实上休息、娱乐也应该成为充分利用时间的一部分。

（二） 把握最佳时间点

一个人一天究竟在什么时间学习效率最高，这就是我们要掌握的学习时间的最佳点。在学习的过程中，尽量根据个人的生理特点找出可以让自己达到最高效率的最佳学习时间点，这样才能有助于达到最佳的学习效果。

哈佛著名心理学家威廉·詹姆斯的研究认为，如果在某个固定时间内一直坚持学习，那么，每当在那段时间进行学习时，大脑的相关部位就会不由自主地兴奋起来，进而取得更好的学习效果。

其实，大部分人的生活习惯都是相似的，一般是晚上十一二点就寝，早晨六七点起床。然而一天之中，一定会有精神特别好与精神特别差的时段，同样用功1小时，如果精神饱满，效果当然好；倘若精神萎靡不振，学习效率自然降低。一天当中最佳的学习时间点因人而异，我们必须依照自己的生物钟，尽量安排最佳的时间、地点来进行学习。

一般人的休息时间约从晚上六七点开始，如果你长久以来都先吃饭、洗澡，然后再开始学习、记忆，结果却一直觉得这段时间的学习效果不好，建议你不妨回家后先睡觉，待到半夜再开始学习。

你可以尽量多方面地尝试，将不同的时段混合运用，如晚饭后把今天学习过的内容趁印象还清晰时回忆一遍，然后在八九点上床睡觉，凌晨三四点再起床复习一下。我们可以在每天早上固定的时间和地点背诵英语词汇，时间一长，次数多了，便可大幅增强我们的记忆效果，学习状态也会自然而然被激发。这就好比每到吃饭时间，人的唾液和胃液会自然而然分泌得多，此时人们会觉得有些饥饿，有进食的欲望。所以，最好每天选择在自己最佳的学习时间点学习，并尽量保证准时完成，这样至少可以保持学习的积极性与高效性。

在学习过程中，当你感到疲劳的时候，就是从"学习的最佳点"开始转折的时候，这种信号告诉你应当立即变换花样去做另一件事，使大脑得到休息，使时间利用效率不至于低落。

确定个人学习的最佳时间点，经过长期合理地利用，便可以形成习惯的节奏和规律。一天之中几点钟做什么，接下来做什么，有条不紊，时间长了便自成一种用时规律。在这规律的时间中，头脑最清醒的时间无疑要用来背诵、记忆、创造，其他时间则用来阅读、浏览、整理资料、观察、实验。合理地安排时间，一定会大幅度提高你的学习效率。

系统复习和小结是艰苦的脑力劳动。脑力劳动的效果主要取决于大脑皮层所处的状态。因此，只有学会科学用脑，才能保证大脑处于最佳状态，取得最佳的学习效果。要学会科学用脑重要的一条就是充分利用好每天的最佳的学习时间段。一个人在一天的不同时期，大脑活动的效率是不同的，学习时间的最佳选择应该是一天中大脑最清醒的时候。

那么，什么时候是一天中大脑最清醒的时间呢？生理学家研究认为，一天之内有4个学习的高效期：如果您使用得当，可以轻松自如地掌握、消化、巩固知识。清晨起床后，大脑经过一夜的休息，消除了前一天的疲劳，脑神经处于活动状态，没有新的记忆干扰，此刻是认知、记忆印象都会很清晰，学习一些难记忆而必须记忆的东西，较为适宜，如语言、定律、事件等的记忆和储存。有时即使强记不住，大声念上几遍，记熟的可能性强于其他时候，这是第一个记忆高潮。上午八点至十点是第二个学习高效期，体内肾上腺等激素分泌旺盛，精力充沛，大脑具有严谨而周密的思考能力、认知能力和处理能力，此刻是攻克难题的大好时机，应当把握战机，充分利用大脑兴奋来攻关。第三个学习高效期是下午六点至八点，这是用脑的最佳时刻，不少人利用这段时间来回

顾、复习全天学过的东西，加深印象，分门别类，归纳整理。也是
整理笔记的黄金时机。入睡前一小时是学习与记忆的第四个高潮
期，利用这段时间来加深印象，特别对一些难以记忆的东西加以
复习，则不易遗忘。除以上一般性的学习时间规律外，对于不同
的人来说，还有自己独特的学习时间规律和习惯。为提高学习效
率，要善于发现并充分利用自己独特的最佳时间段，同时，要养
成在固定的时间进行学习的习惯。

（三）做高效学习者

1944 年，国民政府制订了一个选派高级工程师去美国受训的
计划，24 岁的王安参加了选拔考试，并以第二名的成绩被录取了，
前往著名学府哈佛大学深造。

王安在哈佛学习非常专注、勤奋，大学第一学期的成绩就是两
个 A + 和两个 A，很快就成为系里闻名遐迩的高材生。在哈佛求学
期间，王安先后师从两位知名教授，均是诺贝尔奖获得者，他从
硕士到博士仅用了 16 个月，可谓哈佛众多学子的楷模。王安在攻
读博士学位期间，学习了数字电子电路系统课程，这方面的知识
对他以后在计算机方面取得创新成果至关重要。1948 年，王安以
出色的成绩获得了哈佛大学应用物理学的博士学位，并且获聘在
哈佛大学计算机研究室当了一名研究员。

发明马克 1 号计算机的艾肯博士慧眼识英才，把研制新型存储
器的任务交给了来哈佛计算机实验室工作刚 3 天的王安。在哈佛求
学期间，时刻关注着计算机发展的王安就知道，当时存储器采用

的都是效率极低的水银延迟线装置。他曾在图书馆读到过一篇介绍德国人研制软磁性材料的报道，这也许能为存储器的发展开辟新的道路。以后3周时间，王安把自己关在实验室，潜心探索磁性材料，终于用铁氧体制成了一种直径不到1毫米的小磁芯。王安发明的磁芯，引起了电脑存储器的一场革命，统治了存储器领域二十余年。

学习中，有些人总是贪多，总想一下子把所有的内容都学会。这种追求面面俱到却抓不住学习重点的做法，终将一事无成。钻头为什么能在极短的时间内钻透厚厚的墙壁或者坚硬的岩层呢？这个问题同学们在物理中都已学过了，其原理是：同样的力量集中于一点，单位压强就大；而集中在一个平面上，单位压强就会减小无数倍。像钻头这样攻其一点的谋略是解决问题的好办法。

我们只有知道什么是最重要的，抓住了学习的关键，才能集中时间、精力于一点，认准目标，将学习贯彻到底。对于有限的学习时间和精力，每一个人都应该珍惜并合理利用，要提高学习的效率。现代社会的诱惑很多，上网、玩游戏、交朋友都需要大量精力，这时就更要提高自己的自控能力。定好的学习目标，最终能否实现，关键在于一个人能否对自己的行动进行有效的控制，先做最重要的事。在学习的过程中，只有抓住了学习的关键，才能利用每一次机会积极地攻克学习中的难关。

学习过程中，同学们常常感到整天在忙，却不知道自己到底做了什么。事实上，这背后有三种忙碌：

1. 不会管理自己时间的忙碌。这些同学常常感觉时间不够用，甚至忙得发疯。

2. 已经学会应对与取舍的忙碌。这种忙碌，往往能最为有效地利用时间。

3. 瞎忙碌。因为我们现在几乎是将忙与成功、闲和失败联系在一起了，因此，有的同学认为，只要忙碌，学习就会成功，于是他们就成天忙个不停，可是效果并不是很理想。

"你忙吗？"经常被当做寒暄的话，但很少有人意识到需要重视它背后的"时间管理"——先做最重要的事。在当今社会中，竞争越来越激烈，可以说，谁首先学会抓住学习的关键，谁就能赢得学习的成功。

学习的时候，只有把各种干扰因素置之度外，一门心思地学习，才能提高学习的效率。

哈佛心理学专家研究发现，学习的注意力大约可以持续40～50分钟，不过这个时间是可以改变的，因为注意力还与具体的学习环境、学习者的心情等因素有关。

一个人注意力所持续的时间，就是所谓的"集中限度"。集中限度决定了我们什么时候该学习，什么时候该休息，什么时候该再次投入学习。

如果你已经集中注意力学习了好长一段时间，感到身心疲惫，还硬在那儿"死撑"着，学习效率一定很低。因此，在学习时如果感到累了，就应马上休息一下，以便恢复精力，重新集中注意力学习。

学习时，如何才能培养自己专注的习惯呢？我们要从以下几个方面做起。

1. 做好课前预习。预习是听课前的准备，当我们预习的时候，就会发现哪些地方自己搞不懂，就会在听课前有一个明确的目的，有一个思想准备，使得听课时有所侧重。当教师讲自己不懂的东西时，注意力可以高度集中。

2. 做好课堂笔记。课堂上记笔记是听课时集中注意力的最有效的办法。记笔记时，不仅耳朵要听，手要记，眼要看，脑袋还要想，这就使得我们的各种器官都处于一个比较紧张的状态之中，不容易分心，可以有效地集中注意力。当然，记笔记不是简单地把教师的话全记下来，而是要学会在教材上圈圈画画，学会做批注说明，学会抓住教师讲课的重点记录，这不仅有利于今后的复习，也有利于集中精力听课。

3. 敢于质疑老师。孔子说："学而不思则罔，思而不学则殆。"罔，就是迷惘；殆，就是疑惑。也就是说，只是学习而不加思考，就会迷惘无知；只是思考而不学习，就会疑惑不解。

我们学习时要带着一种质疑的心态，而不是把自己当做一个接收器来听课，这样，既能集中精力，又能学好知识。

（四） 适合自己的方法最好

刘亦婷1981年出生于四川省成都市，1999年，在成都外语学校（高中部）读高三的她被美国哈佛大学、哥伦比亚大学和威尔斯利学院等4所名牌大学同时录取，并免收每年高达三万多美元的学习和生活费用暨提供"全额奖学金"。刘亦婷选择了哈佛大学并于同年人读。

刘亦婷很快就适应了哈佛的环境。第一学期结束时，她的任课老师——一位经济学权威、政府经济顾问热情地邀请她参加他组织的鸡尾酒会。能参加此鸡尾酒会者除了经济学界一些知名人士外，只有极少数有志于经济学且成绩优异的学生才能有幸被邀请。

她是哈佛大学里极少数获得"学习成绩优异荣誉奖"的学生之一。要得此荣誉是相当不易的。

在一年级期末，系里对她优异的成绩、高尚的人品以及超强的综合能力盛赞有加，并聘请她在第二学年度担任系里教授的教学助手，给同学们批改试卷。经济数学领域一位权威教授更是对她盛情邀请，请她与麻省理工学院一位博士研究生一道在新学年里担任课题研究的助手。

刘亦婷在大二和大三连续两年担任了"亚洲与国际关系研讨会"的主席。这个研讨会是在国际上很有影响的大学生活动，每年都要召开一次年会，有几百名来自世界各国的学生参加。每次年会召开的前半年，刘亦婷就要开始各项筹备工作，包括起草会议文件、制订计划、安排场地、邀请嘉宾、与世界各地的学生组织联系，等等，甚至连预定折扣机票这样的杂事也要她亲自去跑。最令她头疼的是十几万美元的会议赞助费，她必须一家一家去落实，占用了她大量的学习时间。但同时，她的能力得到了大大的提高。

妈妈刘卫华曾谈到刘亦婷的学习秘诀：

1. 专心学习。根据少儿的生理条件，以20分钟作为一个学习时间段。在开始学习之前，妈妈先提醒亦婷做好一切准备工作，包括喝水、撒尿、削铅笔、找本子等，学习时段一开始，就必须专心学习，既不允许离开座位，也不允许干任何杂事，大人有事也不能打搅孩子，要等学习时段结束再说。亦婷很快就习惯于学习时间不干其他事情。

2. 独立完成作业。亦婷每次学习的时候都把闹钟放在书桌上，事先算好几点几分开始学习，几点几分开始休息，并把它写在一张纸上，自己严格按照时间表来执行。妈妈明确地告诉亦婷："学习是你自己的事情，应该由你自觉地把学习搞好，妈妈只用抽查的办法来监督。"这种做法有利于培养学习的自觉性。

亦婷还自己用录音机听写。这样好处很多，首先，录入听写内容的时候就是一次专心复习的机会；其次，操作录音机的动作使孩子觉得自己很能干，可以增加听写的趣味性；再次，用一件家用电器作为学习工具，可以让孩子强化学习是"干正事"的感觉；另外，录完听写内容后让孩子把书交给家长保管，也可让孩子感受到家长对真实成绩的重视。

3. 会休息。学习 20 分钟，就休息 5 分钟，做一些不剧烈的体育活动，或干那些学习时不许干的杂事。休息时亦婷不会懒洋洋地坐着或躺着，以免影响学习时的精神状态。

亦婷很快就形成了休息就是活动的概念。在学校，她坚持做到了不在课间 10 分钟赶作业，而是想方设法地用于锻炼身体。最简单的办法就是跑楼梯，从小学一直跑到高中。

4. 查工具书。从一年级起，亦婷就使用正规工具书，主要是《新华字典》和（《现代汉语词典》，有时也用（《辞海》的有关分册。遇到生字、生词，妈妈不给她提供现成答案，而是自己先查工具书，一开始就寻求准确的解释。

5. 善待错误。亦婷不会用橡皮擦把错误擦掉，而是用笔做个记号放在那里，每次看到都可以提醒自己在这个地方容易出错。另外再设一个"改错本"，用正误对照的办法专门记录各种错别字，以便集中复习，巩固改正的效果。在数学考试之前，则把本学期的数学作业和测验卷子上的所有错题重做一遍，力争同样的错误不犯第二次。

刘亦婷的父母认为，要想提高成绩，可以有两种不同的选择。一种是采取"推着走"的办法。哪道题不会，就给孩子讲哪道题；哪门功课不好，就帮孩子补哪门课。家长就像"消防队"，哪儿有火就往哪儿冲。这种方法，也能提高成绩，但是孩子会缺少后劲。一旦推力消失了，成绩就会下降。更理想的一种办法，是给孩子自主前进的动力，让她有足够的能力解决学习中面临的各种问题，并在激烈的竞争中获胜。刘亦婷采用的，正是这种方案：首先培养的是自学能力；其次是系统掌握了一套记忆技巧；提纲挈领地学习，是又一个重要的学习方法；补漏法，也是一个重要的学习方法。

当前，知识更新速度与日俱增，时代对我们提出越来越严格、越来越多样化的学习要求。单凭"铁杵磨成绣花针"、"功到自然成"的方法，是无法适应目前的学习的。今日的学习成败，不仅取决于勤奋、刻苦、耐力与花费的时间和精力，更取决于我们的学习方法。

1980 年，美国哈佛大学物理系教授、诺贝尔奖得主史蒂文·温伯格对《科技导报》记者说，学生最重要的是拥有用自己最喜欢的方法学习的本领，而非安于接受书本上给你的答案。

事实上，学习成果的好坏，与能否用自己喜欢的方式学习密切相关。哈佛优等生、美国第一位诺贝尔化学奖得主理查兹说过："最有价值的知识，是关于学习方法的知识。"就像有些运动员一样，他们不一定全按照书里要求的"正确姿势"来做动作，而是利用最适合自己的姿势去锻炼，最后反而获得了冠军。我们的学习也是一样的，如果你只知道循规蹈矩、按部就班地照着那些所谓的"最好的"方法来学习，效果可能会更差。

用适合自己的方法学习，是提高学习能力的重要环节。英国有位社会学家曾经调查了几十位哈佛大学毕业的著名人士，发现他们大多认为，学习时最重要的就是用最适合自己的方法学习。而法国著名生理学家贝尔纳也深有感触地说："适合我的方法能使我发挥天赋与才能；而不适合我的方法则可能阻碍才能的发挥。"由此可见，用最适合自己的学习方法可以使学生在知识的密林中，成为手持猎枪的猎人，获得有效的进攻能力和选择猎物的余地。

当你试图采用不适合自己的学习方法学习时，你就好像是在逆风中行走，非常困难。因而，有些同学就会逃课，还有更多的同学会感到十分疲倦，还有些同学甚至觉得自己是个笨拙的学习者。

而当你明确了适合自己的学习方法并运用它时，你学习的过程就像在顺风中行走，风速加快了你行走的速度。运用最适合你的学习方法学习会提高你的脑力，使学习的过程变得非常轻松，效率也会大幅提高。

我们在实际学习中也有所体验。有些同学喜欢独自一个人阅读，有些同学则在群体中会学得更好；有些同学喜欢坐在椅子上学习，有些同学则喜欢躺在床上或地板上学习；有些同学喜欢在比较自由的情形下学习，他们不喜欢墨守成规，需要多一些自由选择的机会，如自己决定学什么、从哪儿开始学等，而另一些同学则喜欢在按部就班的情形下学习，他们需要老师或家长告诉他们每一步该怎么做。

这些学习方法中，哪一个才是最好的呢？答案不是绝对的，只要是你最适应的，就是最好的。学习是个人行为，必须采取最适合自己的方法。

因此，我们在平时的学习中要善于利用最适合自己的方法进行学习，如果你喜欢看电影、电视，那就从影像资料中学习；你喜欢看报纸杂志，那就从阅读中学习。但必须牢记一条：这种办法一定要和自己所学的课程有机地联系起来。在哈佛大学担任校长10年、现任哈佛名誉校长的陆登庭先生表示："哈佛大学给予学生的是一种学习的方式和解决问题的方法。"

他说，解决问题的方法不仅局限在学习上，也同样适用于生活中。哈佛大学有来自世界上一百多个国家的学生在一起共同学习，他们有着不同的宗教信仰、不同的生活习惯、不同的政治观点，因此我们必须教会他们解决问题的方法，帮助他们在出现分歧时加强沟通、相互了解，达到和睦共处。

"在哈佛大学，昨天老师给了学生一本书，今天就会问他有什么想法，而不是采取那种简单的考试方法。"

他强调，学生在哈佛会有很大的自由度，自由选课，从事不同的研究，使他们充满学习的热情。学校提供给他们的应该是研究的课题和方向，提供大量的信息资源（包括网上的和教职工共同采集的），指导学生做出自己的决定并确定目标持续学习。做任何事情要想取得成功，都必须在行动前制订一个详尽的计划，学习也不例外。学习计划是实现学习目标的蓝图，制订良好的学习计划，可以帮助我们有效地提高学习的效率。

哈佛大学教授斯坦利·霍夫曼说："不管如何，要想提高学习的效率，不可或缺的是要制订详细的学习计划。"这话对于在学习中爱拖拉、爱空想的人来说，显然很有帮助。

在学习的过程中，我们时常看到一些同学东走走西逛逛，左看看右翻翻，好像作业完成就没什么事可干了。这实际上是一种没有明确的目标、随遇而安的学习态度，很大程度上是由于没有为自己制订一个详细的学习计划造成的。

计划性强的学生，什么时间做什么事是非常有规律的，他们做完一件事后就会立刻去做另一件事，从来不会有无所事事、毫无目标的情况出现。他们对时间也抓得十分紧，不会轻易把大好时光白白浪费掉。

详细的学习计划使你的各项学习活动目标明确，在你按计划努力学习时，由于学习生活的千变万化，常会出现一些意想不到的情况，而影响计划的进行，如临时增加集体活动、作业增多、考试临近等，这些往往都会打乱我们的学习计划。遇到这些情况，我们千万不能急躁，或者仍然死板地按计划进行，而是要及时调整自己的学习计划，增强计划的可行性，以适应变化了的学习情况。有时在计划实施的过程中会遇到困难，这时就需要你用坚强的意志努力克服困难，排除诱惑，来实施学习计划。在实施计划时，每克服一个困难、完成一项任务，你就会在享受胜利喜悦的同时增强克服学习中困难的信心和勇气。

如果你长期按计划学习和生活，到时间就起床，到时间就睡觉，该学习时就集中精力学习，该锻炼身体时就锻炼身体，不预习就无法听好下一节课，不复习就不能做作业……这样就会使学习生活很有规律，你也能逐渐养成良好的学习习惯。

这种良好的学习习惯可大大提高你的学习效率和学习质量。

（五）寻求途径

人们在做任何事情的时候，都希望能够找到捷径，以使自己顺利地到达成功的彼岸。在学习上，我们一样可以找到学习的捷径，为自己的学习打开一条通往成功的坦途。

如果你不去寻求适合自己的科学的学习方法，不找捷径，而总是走弯路，就无法到达目的地，即使勉强到达，也总比别人慢半拍。这就是有的人勤奋学习一生，却始终不出成果的原因所在。

事实上，适合自己的学习方法就是学习的捷径。近路、捷径就是好的学习方法、科学的学习方法。

除了科学的学习方法，勤奋、刻苦等也是学习的"捷径"，这种"捷径"虽然有一些困难，但在学习中却十分有效。

勤奋刻苦地学习，不仅包括善于利用时间去勤阅读、勤练习，而且包括勤动脑、勤思考。大发明家爱迪生说："天才，就是百分之一的灵感加上百分之九十九的辛勤汗水。"没有这百分之九十九的辛勤汗水，再聪明的脑子对一个人的学习也没有丝毫的益处。同时，勤学而不勤思，会使人迷惑不解而无所得；只思考而不勤学，也同样会一无所得。在学习的过程中，我们要善于总结经验，学会用正确的方法学习和思考。苦学又巧学，才是真正的勤奋刻苦。勤奋刻苦，还有更深一层的含义，那就是不仅要刻苦学习，还要做到快乐地学习。只有读书读到心里去了，对学习产生了兴趣，才会自觉自愿地学、废寝忘食地学、兴趣盎然地学，才会真正体悟到那种苦中有乐、乐在其中、苦尽甘来的求知乐趣，才会从学习中获得真正的知识。

另外，专注也可以提高学习的效率，成为学习的另一捷径。专注也是学习中最具有凝聚效力、整合效力的品质。

一个人学习不专心，一会儿学这个，一会儿又去学那个，到头来只能是什么都学不会。因此在学习中要培养自己的专注精神，上课时要集中精力听讲，看书时要聚精会神，做作业时要专心致志，这也是高效学习最根本的保证。

有的同学天资聪明、智商很高，但学习效果却很差，一个很重要的原因就是在学习的过程中缺乏专注力。

美国比较心理学家理查德·赫恩斯坦说过："注意力是知识的窗户，没有它，知识的阳光就照射不进来。"由此可见，在学习时，是否具有专注的态度比知识本身还重要。

（六）抓住机遇

一个杰出者的成功离不开机遇。但是，所有的成功者并非全靠偶尔撞在木桩上的兔子获得成功的。

事实上，通常我们所说的命运转折点，只是我们之前努力所取得的成绩集成的机会。

美国哈佛大学的著名校训就精辟地诠释了勤奋、机遇和成功三者之间的关系：时刻准备着，当机会来临时你就成功了。

在一次演讲中，台湾首富王永庆向台下的学子们道出了他成功的秘诀："年轻人，我可以负责地告诉你们，我用一生的勤奋就是为了证明我的运气比别人好！"

王永庆一生勤奋劳作，7岁时就帮助母亲捡柴挑水，虽只有小学三年级的文化，但是穷人的孩子早当家，1931年，15岁的王永庆便外出在一家米店打工，16岁便说服父亲筹集200元钱开起了米店，他一生中养成的勤奋的良好习惯是从其开米店开始的。

后来，王永庆开碾米厂，办砖厂、木料加工厂，后因砍伐森林被迫逃流日本。

20世纪50年代，美国援助台湾发展工业，时年38岁的王永庆大胆尝试，并抓住机遇成立了台湾塑胶工业股份有限公司。之后，在塑胶领域大获成功的王永庆先后成立了南亚塑胶工厂、台湾化学纤维工业公司等一大批企业，从而成就了一代塑胶大王。

麦克阿瑟将军说过："召集军队上战场的军号声对于军人来说，就是一种机会。但是，这嘹亮的军号声，绝不会使军人勇敢起来，也不会帮助他们赢得战争，机会还得靠他们自己来把握。"

促使王永庆抓住了成就他一生的那个机遇并走向成功的，正是他的个性、他的个人能力。

偶然的机会只对那些勤奋的人才有意义。

成功的秘密在于，当机遇来临的时候，你已经做好了把握住它的准备。对于那些懒惰者来说，再好的机遇，也是一文不值；对于那些没有做好准备的人来说，再大的机遇，也只能彰显他的无能和丑陋，使他变得荒唐可笑。

张肇牧上初中时，他爸爸从北京带回来一枚北京大学的纪念牌送给他，并希望他以后也能上北大。张肇牧了解了北京大学的情况后，便有了进军北大的梦想。

后来，爸爸上北京，还特意带上张肇牧，让他亲眼看见了北京大学。这对张肇牧触动很大，他要考上北大的志向更加坚定了。

但是高考在即，难题出现了：在最后的一次预考中，他考了全班第一名，全校第四名，也是全市第四名。第二名、第三名的同学已经确定要保送清华了。学校第一名本想报考北大，但又怕冒险，又改报了。这时候张肇牧的内心斗争更加激烈了。和他学习成绩差不多的同学先后保送了上海交大、南京大学，还有西安交大什么的。

妈妈劝他上南京大学，报考北大万一考不中，连南大也上不成，到头来后悔莫及。

他思考再三，终于坚定下来："妈妈你就放心吧！我想，逃避冒险、害怕失败，就意味着放弃成功。敢于报考北大，本身就是一种胆识的竞争……现在已经是关键时刻了，机不可失，时不再来，人生能有几回搏，我相信自己的实力，我也有自知之明。考上，皆大欢喜；考不上，也无怨无悔。北大是全国乃至世界都有名的学府，那是我的梦想啊！如果连报考都没有胆量，我会遗憾终生的。"

就这样，张肇牧凭着一股拼劲，最终以625分的成绩顺利进入北京大学。